Inhalt

Alfred Bierach

Wege zu einem Super gedächtnis

*Lern- und Merktechniken
für Vergeßliche*

Originalausgabe

GOLDMANN VERLAG

Mit Zeichnungen von O. Juhl

Made in Germany · 7/87 · 2. Auflage
© 1986 by Wilhelm Goldmann Verlag, München
Umschlaggestaltung: Design Team München
Satz: IBV Satz- und Datentechnik GmbH, Berlin
Druck: Elsnerdruck, Berlin
Verlagsnummer: 10360
Lektorat: JJ
Herstellung: Gisela Ernst/Voi
ISBN 3-442-10360-6

Lernen ist etwas Individuelles

Was halten Sie von einem Menschen, der Fußgröße 42 hat, sich aber ein Paar Schuhe Größe 40 kauft, weil sie ihm besonders zusagen und obendrein ein Preisschlager sind?

Was halten Sie von einem Maurer, der mit einer Tortenschaufel arbeitet, weil sie gerade zur Hand war, während er sich eine fachgerechte Kelle erst hätte besorgen müssen?

Wahrscheinlich würden Sie für solche Menschen keine allzu schmeichelhaften Eigenschaftswörter finden. Bestimmt teilen Sie die Meinung, daß sich ein Gerät dem Menschen und nicht der Mensch dem Gerät anpassen müsse. Also der Autositz dem Fahrer und nicht der Fahrer dem Autositz, die Höhe der Werkbank dem Arbeiter und nicht der Arbeiter der Höhe der Werkbank, der Luftdruck in der Flugkabine dem Passagier und nicht der Passagier dem Luftdruck.

Nur beim Lernen verfahren wir meist anders herum. Der Schüler hat laut ministeriellem Stundenplan zweimal die Woche je 45 Minuten Englischunterricht. Der um seine Arbeit nicht zu beneidende Stundenplanmacher legt die Stunden für die Klasse 5 b auf Dienstag von 10.50 bis 11.35 und Donnerstag von 8.00 bis 8.45, weil um diese Zeiten die nötigen Räume und Lehrer zur Verfügung stehen. Der Stundenplanmacher hat andere Sorgen, als sich zu überlegen, ob das Gehirn der Schüler dann am besten Englisch lernt und wann laut Vergessenskurve am zweckmäßigsten die erste, die zweite, die dritte Wiederholung des Stoffes erfolgen sollte.

Das ist einer der Gründe, warum unser Schulsystem, ganz gleich auf welcher Stufe, der größte Ausschußproduzent unserer Volkswirtschaft ist. Würde ein Auto- oder Geschirr- oder Schallplattenhersteller gleichsam unökonomisch, gegen den Strich produzieren, wäre er schon längst bankrott.

Von Geburtsschäden und späteren chronischen Gehirnvergiftungen durch starkes Rauchen, übermäßigen Alkohol- oder

Tablettengebrauch einmal abgesehen, können Sie Ihr Gehirn so wenig ändern wie Ihre Körpergröße, die Farbe Ihrer Pupillen oder die Beschaffenheit Ihres Haares.

Sie können auch den Lernstoff nicht ändern. Sie können nicht die unregelmäßigen Zeitwörter des Lateinischen regelmäßig machen, weil sie dann leichter zu lernen wären.

Das einzige, was Sie aber ändern können, ist die Lernmethode, um leichter, schneller, insgesamt ökonomischer zu lernen, also etwas in Ihr Gedächtnis zu sofortigem Abruf einzuprogrammieren.

Dieses Buch zeigt Ihnen alle Methoden schnellen und angenehmen Lernens.

Mancher, den Sie vielleicht um sein Wissen, um seine Beschlagenheit, um seine Kenntnisse bewundern, sogar beneiden, ist nicht intelligenter als Sie, besitzt nicht einmal das bessere Gedächtnis. Aber Lernen, lebenslanges Lernen bereitet ihm großen Spaß. Vielleicht hat er sich ganz unbewußt ein Lernsystem zurechtgeschneidert, das Lernen humaner, menschlicher macht. Und da er Spaß hat an diesem System, wiederholt er gern. Am Ende dieses Buches können auch Sie schneller, leichter und somit angenehmer lernen.

Und noch eines: Ein überdurchschnittlich gutes Gedächtnis ist nicht ein Gedächtnis, das sich wahllos alles merkt, sondern ein streng geordneter, stets abrufbereiter Computer.

Die Gelehrten sind sich noch nicht einig, was Intelligenz ist und wie sie zu messen sei. In einem Punkt stimmen sie aber überein: *eine* der Voraussetzungen für intelligentes Vorgehen, zum Beispiel Schwierigkeiten in neuen Lagen zu überwinden, sind Gedächtnisstützen, die wir nach gewissen Gesetzmäßigkeiten miteinander verbinden.

Sie mögen noch so intelligent sein, Sie haben aber noch nie einen Blick in das Getriebe Ihres Autos geworfen, Sie werden mit größter Wahrscheinlichkeit dieses Getriebe nicht verbessern können, also es zum Beispiel kleiner, leichter, reibungsfreier gestalten. Ganz anders der Spezialist für Getriebetechnik, der in seinem Gedächtnis die Konstruktionsbedingungen von zig Getrieben gespeichert hat. Ihm mag es durch die Kombination verschiedener Prinzipien gelingen, ein effizienteres Getriebe zu entwickeln.

Sein Gedächtnis verbessern heißt also auch, die Voraussetzungen für intelligentes Denken und Handeln verbessern.

Die verschiedenen Arten
des menschlichen Gedächtnisses

Nicht gemeint sind hier Spezialbegabungen wie zum Beispiel ein brillantes Gedächtnis für Zahlen oder für Fremdsprachen oder das Gedächtnis des Eidetikers, der im Varieté als vielbestauntes Phänomen auftritt. Ich habe selbst einmal einen solchen »Künstler« gesehen. Ein Zuschauer schlug eine Seite des Telefonbuches auf und hielt sie dem Gedächtnisakrobaten hin. Dieser konzentrierte sich etwa eine halbe Minute lang auf die aufgeschlagene Seite und war dann zu seiner Show bereit. Wer immer im Zuschauerraum es wollte, konnte einen Namen, den er auf einer Seite des Telefonbuches gefunden hatte, dem Artisten zurufen, worauf dieser sofort die dazugehörende Telefonnummer sagte. Und sie stimmte immer. Ein Eidetiker »sieht« bestimmte Objekte ganz anschaulich vor sich, obwohl sich diese nicht im Bereich seiner Wahrnehmung befinden. Unser Gedächtniskünstler, dieses »Superhirn«, als das er angekündigt worden war, konnte eine Seite aus einem Telefonbuch für kurze Zeit auf seine Netzhaut bannen und sah dann diese Seite so deutlich, wie der Nicht-Eidetiker Schrift auf einer Kinoleinwand oder auf einem Stück Papier sieht.

Immer wieder treten Menschen auf, Phänomene im Kopfrechnen, die zum Beispiel 4273 mal 5795 in wenigen Sekunden ausrechnen. Diese Menschen können Zahlen im Kopf sehen. Nennt man ihnen eine lange Zahlenreihe, können sie diese problemlos wiederholen. Nicht nur von vorne nach hinten, auch umgekehrt. Wenn Sie es wünschen, läßt dieser Zahlenolympionike jede dritte oder jede fünfte Zahl aus. Mit Intelligenz hat dies aber gar nichts zu tun. Meist reicht es bei ihnen nicht zu recht viel mehr, als sich wie dressierte Hunde oder Flöhe einem staunenden Publikum vorführen zu lassen. Wer ein gutes, ein ungewöhnlich gutes Gedächtnis anstrebt, kann von diesen Phänomenen nichts lernen. Also verlassen wir sie.

Und wenden uns der Physiologie des normalen Gedächtnisses zu. Übrigens, wir wissen immer noch nicht, wo sich der Sitz des Gedächtnisses befindet. Aber auch mit theoretischen Erörterungen solcher Fragen ist Ihnen nicht viel gedient. Wesentlich mehr dagegen damit, wie ein Kürzestzeitgedächtnis zum Langzeitgedächtnis wird, wie wir also gegen Vergessen ankämpfen können. Sie wollen einen Versicherungsvertreter anrufen, suchen sich seine Nummer im Telefonbuch und wählen. Belegt. Sie warten eine halbe Minute und probieren es noch einmal. Da ist Ihnen die Nummer entfallen. Also schlagen Sie noch einmal im Telefonbuch nach. Was Sie soeben erlebt haben, war die Leistung des *Kürzestzeitgedächtnisses*.

Das Kürzestzeitgedächtnis behält Informationen nur einige Sekunden lang. Das ist gut so. Im Laufe weniger Minuten dringen auf uns so viele Informationen ein, daß unser Gehirn trotz immenser Speicherfähigkeit sehr bald überlastet wäre, würden wir nicht sehr schnell vergessen können.

Sie sehen fern. Sie registrieren nebenbei, daß der Ansager eine gesprenkelte Krawatte und wahrscheinlich ein dunkelblaues Sakko trägt, das nach Ihrem Geschmack nicht ganz zu dem wahrscheinlich rosaroten Hemd paßt. Irgendwelche Wolkenformationen nähern sich Mitteleuropa. In Skandinavien lockern sich die Wolken auf, in Italien dagegen verdichten sie sich. Sie wollen morgen Skifahren. Alles, was Sie im Augenblick interessiert, ist, wie das morgige Wetter wird. Schneefall ab 2000 Meter Höhe. Und diese Mitteilung merken Sie sich. Alles andere bleibt und ist zum Glück nach Sekunden vergessen, um der Speicherung von für Sie Wichtigerem Platz zu machen.

Sie sind zu einer Party eingeladen, kommen soeben an und werden nun einer Anzahl von Menschen vorgestellt, wie umgekehrt Ihnen Menschen vorgestellt werden. Sie lernen in einigen Sekunden eine Anzahl von Namen kennen.

Einige werden Sie sofort vergessen, andere werden Sie auch noch nach einigen Minuten reproduzieren können. Die letzteren bleiben Ihnen im Kopf, solange Sie die Namen benötigen, also vielleicht für die Dauer eines Gesprächs, vielleicht für die Dauer des Abends.

Nun lernen Sie auf besagter Party einen Menschen namens Albert Neidemüller kennen, der Sie aus einem ganz bestimmten Grund besonders interessiert, der für Ihr Leben vielleicht einmal wichtig werden könnte. Schon bei der Vorstellung denken Sie sich: »Aha, das also ist Albert Neidemüller.« Sobald Sie wieder über Ihre Zeit verfügen können, werden Ihre Gedanken, vielleicht auch Ihre Blicke zu Albert Neidemüller zurückkehren, und Sie werden an jenem Abend wiederholt den Namen Albert Neidemüller hörbar oder rein mental wiederholen. Auch am nächsten Morgen werden Sie sich noch seines Namens entsinnen. Sie werden vielleicht im Telefonbuch seine Adresse suchen und somit seinen Namen auch geschrieben sehen. Unter Umständen notieren Sie sich seine Adresse in einem Büchlein. Sie haben den Namen gehört, den Namen gesprochen, den Namen geschrieben. Sie haben diesen Namen über mehrere Ihrer Sinne immer wieder Ihrem Gehirn präsentiert. Dieser Name bleibt in Ihrem *Langzeitgedächtnis*. Vieles spricht dafür, daß Sie Albert Neidemüller nie mehr vergessen werden. Sie vergessen seinen Namen dann aber trotzdem, weil Sie jahrelang nichts mehr mit ihm zu tun hatten. Würden Sie ihm auf der Straße begegnen, käme Ihnen sein Gesicht irgendwie bekannt vor, aber Ihr Gehirn würde kein »Albert Neidemüller« mehr liefern. Dann träumen Sie eines Nachts von ihm, und plötzlich sehen Sie Albert Neidemüller nicht nur so plastisch klar, als hätten Sie ihn erst gestern gesprochen, Sie wissen mühelos auch seinen Namen. Sie werden wach, staunen über Ihr Gedächtnis und wissen am nächsten Morgen nur noch, daß Sie einen komischen Traum hatten.

Es muß also außer dem Langzeitgedächtnis noch eine Erinnerungsinstanz geben, die längst Zurückliegendes speichert. Ich nenne diese Instanz das *Gedächtnis unseres Unbewußten*.

Das Gedächtnis unseres Unbewußten deshalb, weil es sich nicht meldet, wenn wir bewußt danach forschen. Im Gegenteil: je mehr wir darauf drängen, um so koketter entzieht es sich unserem Zugriff. In Situationen aber, in denen sich die »Poren« zu unserem Unbewußten gemeinhin zu öffnen pflegen, tauchen Fetzen dieses unbewußten Gedächtnisses auf. Solche Situationen sind: Tagträume, die Zeit kurz vor dem Einschlafen, die Zeit kurz nach dem Erwachen, Traumphasen des Schlafes.

Und das ist die Macht des Gedächtnisses Ihres Unbewußten: seine Merkfähigkeit ist jeder anderen Form des Gedächtnisses überlegen. Nur über besondere Versenkungsmethoden, zu denen auch die Fremd- und die Selbsthypnose zählen, gelingt uns der Einstieg in diese unbewußt gewordenen Tiefen.

Jemand hat als Kind eine Fremdsprache gelernt und dann durch Nichtgebrauch wieder völlig vergessen. Nun erlernt er sie erneut. Und siehe da, er lernt sie viel schneller als seine Mitschüler. In noch immer unerklärten Schichten seines Gedächtnisses waren seine Kenntnisse verschütt gegangen und werden nun wieder freigeschaufelt.

Täusche ich mich, wenn ich vermute, daß Ihr Problem nicht darin besteht, daß Sie Unwichtiges rechtzeitig vergessen? (Vergessen Sie für sich Unwichtiges rechtzeitig, dann sind Sie normal. Es gibt Geisteskranke, die für sie Unwichtiges nicht vergessen können.) Wahrscheinlich liegt Ihr Problem dort, wo auch meines liegt, daß Sie nämlich auch das vergessen, was Sie sich merken wollten, also das, was ins Langzeitgedächtnis hätte übergehen sollen.

Gehirnforscher haben festgestellt, daß Vorgänge des Kürzestzeitgedächtnisses und des Kurzzeitgedächtnisses bioelektrischer Natur sind. Unser Gehirn besteht aus Milliarden von Nervenfasern und Schaltstellen. Bei einem bestimmten Denkvorgang, etwa bei der Verwendung des neu gelernten Wortes »la mesa« oder »el mar«, rasen elektrische Ströme über bestimmte Bahnen. Dadurch entstehen keine Veränderungen im Gehirn. Denke ich aber immer wieder an die Wörter »la mesa« und »el mar«, reizen die elektrischen Ströme die grauen Zellen meiner Gehirnrinde so stark, daß sich neue Zellverbände bilden, ähnlich wie »wildes« Fleisch entsteht, wenn ich eine Wunde reize, die sich schließen will. Und in diesen neu entstandenen Zellverbänden sind dann für längere Zeit die Wörter »la mesa« und »el mar« gespeichert und somit abrufbereit.

Diese Theorie ist nicht ganz unbestritten. Aber was soll's? Nicht die wissenschaftlichen Theorien verbessern unser Gedächtnis, sondern Erfahrungen, wie wir uns etwas schneller, leichter und länger merken können.

Die Lernforscher stellen uns den Weg vom Kürzestzeitgedächtnis zum Langzeitgedächtnis folgendermaßen dar, wobei ich hier das Dreispeichermodell des Gedächtnisses nach D. E. Broadbent (Perception and Communication) verwende:

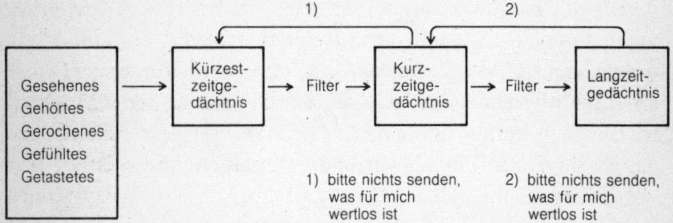

Sie finden auf dieser Skizze zweimal den Hinweis »bitte nichts senden, was für mich wertlos ist«. Vielleicht denken Sie aber jetzt: Manches, was in mein Kürzestzeit- und Kurzzeitgedächtnis gelangt, wäre auch für mein Langzeitgedächtnis wertvoll, zum Beispiel Telefonnummern oder Adressen, eine Redewendung, die ich soeben in einer Fremdsprache gehört habe. Wie kommt dann nach dieser Theorie mein Langzeitgedächtnis dazu, den Filtern zu melden: »bitte nur mir Wichtiges zu senden«?

Grob gesprochen haben wir Menschen drei Gehirne, die voneinander getrennt, aber untereinander verbunden sind. Diese drei Gehirne entstanden im Laufe unserer Entwicklung vom Reptil/Vogel zum frühen Säugetier bis zum jetzigen Menschen.

Das erste Gehirn (das der Reptilien und der Vögel) enthält die Programme für Jagen, Paarung, Verteidigung, Brutpflege. Das zweite Gehirn produziert bereits Emotionen, die zum Beispiel unser Verhalten mitbeeinflussen. Zerstört der Gehirnforscher Teile dieses zweiten Gehirns, zum Beispiel bei einer Hündin, kümmert sie sich so wenig um ihre Jungen, wie dies eine Eidechse tut, während die Hündin bei intaktem Gehirn starke Emotionen für ihre Brut aufbringt. Das dritte Gehirn, die Gehirnrinde, ist vor allem beim Menschen stark entwickelt und beherbergt unter anderem den Denkapparat. Um zu überleben, braucht der Zweibeiner zwar den Gedächtnis- und Denkapparat, aber keine chemischen und mathematischen Formeln, keine Fremdwörter und Geschichtszahlen, keine Nummern von Häusern, Paragraphen und Telefonapparaten. Da die Natur interessierter zu sein scheint, daß unsere Gattung überlebt, als daß wir besonders schlaue Kerlchen abgeben, so betrachtet sie das, was wir uns aus kulturellen Gründen so alles gerne merken möchten, noch lange nicht als lebensnotwendig. Darum scheint uns unser Gehirn manchmal so »unpraktisch« konstruiert zu sein.

Auf Schüler Max setzte das Unterrichtsministerium eine Chemielehrerin an, von deren Busen die ganze Klasse nicht bloß spricht, sondern auch schwärmt und abends beim Einschlafen gar noch träumt. Für Mäxchens Fortkommen und geistig-sittliche Entwicklung würden die chemischen Formeln der jungen Pädagogin eine wesentlich größere Bedeutung verdienen als die feste und doch bei jeder Bewegung so angenehm leicht vibrierende Konsistenz besagter Milchdrüsen. Der Ärmste kann sich des Fräuleins Busenform genauso leicht merken, wie es ihm schwerfällt, sich des Aufbaus der Versuchsanordnung zu entsinnen, mit der die Lehrerin in einem als Anode dienenden Eisentiegel ein geschmolzenes Gemisch aus 90 g Magnesiumkaliumchlorid und 15 g Salmiak mit einer Kohlekathode (von einem Porzellanrohr umhüllt) elektrolysierte. Maxens ganzer Organismus ist gegenwärtig eher auf Vermehrung, auf Arterhaltung eingestellt als auf Wissenschaft. Deshalb will sich bei Max das Kurzzeitgedächtnis so schwer in ein Langzeitgedächtnis verwandeln.

Gelegentlich verläuft dieser Prozeß jedoch schlagartig. Wollte ich an einer bestimmten Stelle des Teppichs in meinem Schlafzimmer stets an etwas Bestimmtes denken, müßte ich lange trainieren, bis es soweit wäre. Und dann könnte ich nicht versprechen, daß ich es nicht hin und wieder vergäße. Vor Jahren trat ich aber einmal barfuß in einen Reißnagel, der auf diesem Teppich lag. Noch heute kann ich nicht über diese Stelle gehen, ohne an den Reißnagel und den Schmerz zu denken. Hier war ein Kürzestzeitgedächtnis sofort zum Langzeitgedächtnis geworden. Unser Organismus legt eben mehr Wert darauf, daß er nicht durch Gefahren geschädigt wird, als daß er sich das persische, pekinesische oder läppische Wort für Reißnagel merkt.

Stärken und Schwächen
der beiden Gehirnhemisphären

Im Jahre 1981 erhielt Prof. Dr. Roger Sperry den Nobelpreis für Medizin und Physiologie. Genauer gesagt für die Erforschung von Gehirnen, die gespalten worden waren. Warum gespalten? Ärzte hatten versucht, schwerkranken Epileptikern dadurch zu helfen, daß sie deren Gehirn spalteten. Übrigens mit Erfolg.

Das menschliche Gehirn gleicht einer Walnuß von 1300 bis 1600 Gramm. Die beiden Hälften, die sogenannten Hemisphären, sind durch einen Steg verbunden (corpus callosum). Die beiden Gehirnhälften galten bis zu ihrer Einzelerforschung als eine Einheit. Das Gehirn wurde als *ein* Organ betrachtet. Heute wissen wir: so wie sich der Inhalt des Brustkorbs aus einer Vielzahl von Organen verschiedener Aufgaben zusammensetzt, so ist auch das Gehirn eine Ansammlung von Organen unterschiedlicher Fähigkeiten.

Wenn wir denken, rechnen, sprechen, singen, zeichnen, träumen, überwiegt stets die Arbeit einer Gehirnhälfte. Dabei leistet die eine Hälfte nicht mehr als die andere. Beide Hälften erbringen die gleiche Menge Arbeit, was wir daraus entnehmen können, daß jede Hälfte etwa die gleiche Menge Nahrung verbraucht.

Die Spezialisierung der einen Gehirnhälfte auf bestimmte Aufgaben ist nicht von frühester Kindheit an gegeben. Bei der überwiegenden Mehrzahl der Menschen befindet sich der Sitz des Sprachzentrums in der linken Hemisphäre. Wird die linke Gehirnhälfte eines, sagen wir dreijährigen Kindes beschädigt oder (zum Beispiel bei einem Tumor) entfernt, dann übernimmt die rechte die Aufgabe der Sprechfertigkeiten. Hat aber ein Kind von 10 Jahren den Prozeß des Sprechenlernens abgeschlossen und erleidet jetzt eine Schädigung des Sprachzentrums in der linken Gehirnhälfte, wird dieses Wesen nie mehr richtig sprechen können. Bis zu einem gewissen Alter sind also die Gehirnhälften fähig, zu kompensieren, also die Arbeit der anderen Gehirnhälfte zu übernehmen.

Übrigens, viele Unterschiede in der Leistungsfähigkeit von Frau und Mann sind gehirnphysiologisch bedingt und nicht das Gehirngespinst von frauenverachtenden Machos. Der einige Monate alte menschliche Embryo eines Mädchens ist bereits weiter entwickelt als der eines Jungen. Dieser Vorsprung vergrößert sich bis zur Geburt. Auch später lernen Mädchen meist schneller sprechen und gehen, wie ja auch die Mädchen früher in die Pubertät kommen und vor den Jungen ihre endgültige Körpergröße erlangen. Das Gehirn eines Jungen reift langsamer.

Frühzeitig reifende Kinder drücken sich im allgemeinen sprachlich gewandter aus, während bei spätreifenden eine überlegene Raumvorstellung gefunden wurde; Zustände, die auch noch bei Erwachsenen gelten.

Lehrer, die parallel Jungen und Mädchen in Fremdsprachen unterrichten, stellen immer wieder fest, daß in Mädchenklassen eine Fremdsprache gewandter gesprochen wird. Lehrer, die parallel Jungen und Mädchen in technischen Berufen ausbilden (einschließlich technisches Zeichen, Geometrie), berichten von der größeren Fähigkeit der Jungen in räumlicher Orientierung.

Die Mehrzahl der Frauen ist sicherlich so intelligent (und so dumm) wie die Mehrzahl der Männer. Zweifelsohne gab und gibt es auch geniale Frauen, Dichterinnen, Malerinnen, Musikerinnen, Architektinnen, Ärztinnen usw. Warum es aber noch nie Frauen vom geistigen Format eines Plato, Aristoteles, Leonardo da Vinci, Newton, Bach, Beethoven, Mozart, Shakespeare, Goethe, Edison, Einstein usw. gab, hängt mit der frühen Spezialisierung des weiblichen Gehirns zusammen. Das weibliche Gehirn spezialisiert sich sehr schnell, so daß eine Frau bald »über zwei Köpfe verfügt, und zwei Köpfe sind klüger als einer« (Thomas L. Blakeslee). Darum sind Frauen Männern im allgemeinen in geistiger Schnelligkeit, Geläufigkeit und Exaktheit überlegen. Geht es aber um höchste Leistungen an Kreativität, kommt es auf ein Zusammenspiel beider Gehirnhälften an und nicht auf deren Trennung.

Gerade bei Gedächtnisleistungen tritt immer wieder der Begriff des »Unbewußten« oder des »Unbewußtseins« auf, wobei die Aufspaltung dieses Begriffes in Unbewußtes, Unbewußtsein, Unterbewußtes, Unterbewußtsein eine unfruchtbare Zeitverschwendung profilierungssüchtiger Ehrgeizlinge darstellt.

Schon lange spricht der Volksmund davon: »Mir ist eine Idee gekommen.« Oder: »Mir ist dieses Wort entfallen.« Aber woher ist diese Idee gekommen? Wohin ist sie gefallen? Die linke Gehirnhälfte, die sich über alles Rechenschaft ablegen will, erfand für dieses Unerklärliche einen Erklärungsversuch, nämlich das Unbewußte. Heute wissen wir, daß das Unbewußte ein Phänomen der rechten Gehirnhälfte ist.

Das Gehirn des einmaligen Genies ist nicht so spezialisiert, ist nicht so »lateral« (einseitig) wie das frühzeitig differenzierte Gehirn mit seiner Aufteilung der Arbeiten in zwei Hälften. Im überragenden Gehirn arbeiten beide Hälften viel intensiver und sich gegenseitig befruchtender zusammen als dies im Kopf des Durchschnitts der Fall ist. So erklärt sich Genialität.

Worin liegen nun die Spezialitäten der jeweiligen Gehirnhälfte?

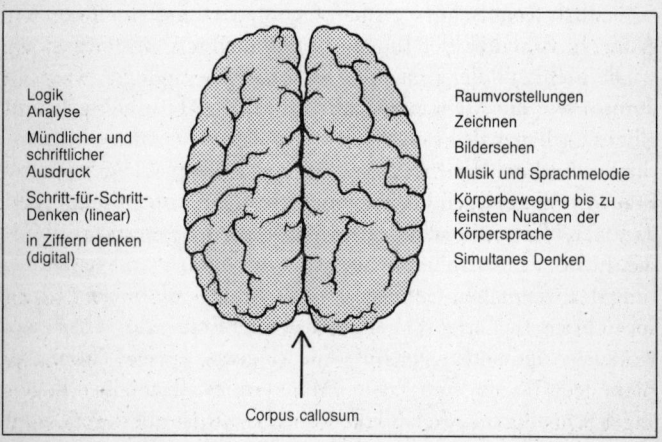

Logik	Raumvorstellungen
Analyse	Zeichnen
Mündlicher und schriftlicher Ausdruck	Bildersehen
	Musik und Sprachmelodie
Schritt-für-Schritt-Denken (linear)	Körperbewegung bis zu feinsten Nuancen der Körpersprache
in Ziffern denken (digital)	Simultanes Denken

Corpus callosum

Welche Arbeiten können wir also beim Lernen und Merken den einzelnen Gehirnhälften anvertrauen? Um uns das deutlich zu vergegenwärtigen, vollziehen wir im Geiste die Arbeit der Forscher um Prof. Roger Sperry nach. Mit einem Elektroschock oder mit einer Injektion stellen wir die rechte Hemisphäre eines gespaltenen Gehirns für einige Zeit ruhig, wir schalten sie sozusagen aus.

Was uns zunächst auffallen wird, ist, daß die Versuchsperson sehr gewandt spricht, viel spricht, aber ohne Modulation, also eintönig. Ihr Vortrag erinnert an die Sprechweise eines Roboters.

Die Versuchsperson ist aufgeräumt, befindet sich in guter Stimmung. Wir führen sie ans Fenster. Draußen liegt Schnee. Wir fragen: »Welche Jahreszeit haben wir jetzt?« Ohne zu zögern weist sie auf Winter hin.

Eine Versuchsperson, die sehr musikalisch ist, vermag aber jetzt nicht die einfachsten Melodien zu summen, zu pfeifen oder zu erkennen.

Ähnliche Probleme erlebt sie, wenn wir sie bitten, uns einen einfachen Gegenstand zu zeichnen, sagen wir ein Haus oder eine Schachtel. Das dabei entstehende Bild könnte von einem Kleinkind stammen, das sich zum ersten Mal mit einem Bleistift an ein Stück Papier wagt.

Wir spielen der Versuchsperson ein Tonband mit Tier- und Menschenstimmen vor. Sie wird große Schwierigkeiten haben, Tier- von Menschenstimmen zu unterscheiden. Es wird ihr kaum gelingen, anzugeben, ob ein Hund heult oder bellt, eine Katze faucht oder miaut.

Nun legen wir triefende Ironie in unsere Stimme. Vielleicht sagen wir: »Sie sind so musikalisch wie Mozart.« Die Versuchsperson wird nur unsere Worte verstehen, nicht aber die Ironie im Ton.

Welche Entdeckungen werden wir machen, wenn wir nun die linke Hälfte ab- und die rechte anschalten?

Unsere Versuchsperson ist einsilbig oder spricht überhaupt nicht. Sie ist mürrisch, in sich gekehrt (weswegen die Vermutung besteht, daß depressive Zustände etwas mit der rechten Gehirnhälfte zu tun haben). Sagt sie etwas, klingt ihre Stimme ganz normal. Sie bemerkt den leisesten Anflug von Ironie. Wieder führen wir sie ans Fenster. Schnee bedeckt die Landschaft. Wir fragen nach der Jahreszeit und ernten ein Schulterzucken. Dafür erkennt die Versuchsperson sofort eine Melodie und ist in der Lage, sie wiederzugeben.

Ein Haus oder eine Schachtel zeichnen? Keinerlei Probleme, auch verschiedenfarbige Klötzchen zu sortieren, was ihr beim ersten Versuch (linkes Gehirn ausgeschaltet) gründlich mißlang. Natürlich erkennt sie auch einzelne Tierstimmen und vermag die Stimme der Tiere zu unterscheiden.

Beim Erlernen von Fremdsprachen sind offenbar beide Gehirnhälften beteiligt, die linke für die Semantik, grob gesagt für den Wortschatz, die rechte für die Aussprache, für das genaue Imitieren der fremdsprachlichen Laute. Dabei weist der sogenannte Kissinger-Effekt erneut auf den Nachteil einer frühzeitigen Spezialisierung beider Gehirnhälften hin.

Henry Kissinger, geboren in Erlangen bei Nürnberg, floh mit seinen Eltern aus dem Hitlerdeutschland und ging in die USA, als er 10 oder 11 Jahre alt war. Er wurde ein brillanter Professor für europäische Geschichte, stieg zum Berater eines US-Präsidenten auf und wurde schließlich sogar Außenminister der USA. Ein schlagfertiger Mann voller Esprit, ein gewandter Schriftsteller und Redner. Sobald er aber amerikanisch spricht, hört selbst ein Nichtamerikaner, daß er mit dem Tonfall eines Ausländers spricht. Das Gehirn des ansonst so gewandten Henry Kissingers war schon mit 10 oder 11 Jahren zu alt, um noch die Aussprache eines Yankees zu erlernen. Sein Gehirn hatte sich bereits zu sehr differenziert. Er lernte Englisch nur noch über die linke Gehirnhälfte. Und das merkt man bis zum letzten Wort, das er einmal sprechen wird.

Ein Beispiel aus meiner Bekanntschaft. Ein deutsches Ehepaar ging nach London mit zwei Jungen im Alter von 8 und 10 Jahren. Der Achtjährige wurde dort Zahnarzt, der Zehnjährige Humanmediziner. Beide sprechen heute ein druckreifes Englisch, dem Älteren aber hört man gelegentlich noch seine deutsche Abstammung an. Die Fähigkeit, die Sprache von Menschen zu imitieren, zum Beispiel einen Witz auf sächsisch, den anderen auf schwyzerdütsch, den nächsten auf jiddisch zu erzählen, ist eine Fähigkeit der rechten Gehirnhälfte.

Die erstaunlichste Leistung des rechten Gehirns zeigt sich aber beim Bildersehen. An der US-Universität Rochester wurden Versuchspersonen 2560 Diapositive mit einer Geschwindigkeit von 10 Sekunden pro Bild vorgeführt (zitiert aus Thomas R. Blakeslee, Das rechte Gehirn). Zwei dieser Versuchspersonen sahen während einer vierstündigen Sitzung 1280 Bilder pro Tag, dies zwei Tage hintereinander. Die anderen Versuchspersonen sahen nur 640 Dias pro Tag an vier aufeinanderfolgenden Tagen.

Als ihnen die Dias wieder vorgeführt wurden, mußten sie herausfinden, ob in die Serien fremde Bilder hineingeschmuggelt worden waren. Die Angaben erwiesen sich in 85–95 Prozent als richtig, wobei es keinen Unterschied machte, ob den Versuchspersonen am Tag 1280 Bilder oder »nur« 640 Bilder vorgeführt worden waren. Bei einem anderen Versuch legten die Experimentatoren bei der zweiten Vorführung der Dias das eine oder andere seitenverkehrt ein. Sofort erfolgten die Proteste.

Sie haben ein bemerkenswertes Gedächtnis, wenn Sie sich innerhalb einer Stunde 20–25 neue Wörter mit den traditionellen Lernmethoden merken können. In derselben Zeit registriert aber Ihr Gehirn das 20–30fache an Bildern, zudem viel gewissenhafter, das heißt zuverlässiger.

Es wird Sie nun nicht mehr überraschen, daß die Steigerung unserer Gedächtnisleistungen in erster Linie auf dem Gebiet der Imagery, des Bildersehens, in seinen vielen Abwandlungen zu suchen ist. Grundsätzlich wird bei unserem Schulsystem die linke Gehirnhälfte wesentlich mehr geschult, weil wir logisches Denken, Analysieren und sprachliche Darstellung über alles schätzen. Wahrscheinlich war noch vor einigen Jahrtausenden oder vielleicht auch erst vor einigen Jahrhunderten die rechte Hemisphäre stärker gefordert, damals nämlich, als unser Überleben weniger von logischen und verbalen Fähigkeiten abhing als von unserer Orientierung in der Umwelt. In diese Richtung deutet eine Untersuchung, die in einer abgelegenen Halbsteppe Australiens durchgeführt worden ist. Dort testete eine Psychologin weiße australische Kinder und Kinder von Eingeborenen. Beiden Gruppen im Alter zwischen sechs und sechzehn Jahren wurden Gegenstände vorgelegt, die sie sich einprägen sollten. Dabei schnitten die Kinder der Eingeborenen wesentlich besser ab.

Wahrscheinlich war in einer eintönigen Gegend ihr Gehirn darauf trainiert, auf kleinste Orientierungshilfen zu achten, wollten sie sich bei der Durchquerung des Landes nicht verlaufen und so in Gefahr geraten.

In seinem Buch »Geheimnisse des menschlichen Gehirns« berichtet Richard M. Restak von einem Washingtoner Gastronomen, der sich die individuellen Wünsche von Hunderten von Gästen bezüglich der Zusammensetzung ihres Mittag- und Abendessens merken kann. Nach einem arbeitsreichen Tag vermag er anzugeben, was jeder der etwa 200 Gäste zu sich genommen hat und wo er gesessen hat. Ja nach Jahren weiß er noch, was ein Kunde damals bestellt hat. Offensichtlich hat dieser Mann seine rechte Gehirnhälfte optimal trainiert, denn er kann sich auch die Gesichter seiner Kunden hervorragend einprägen, dagegen nur sehr schwer ihre Namen. Schwierigkeiten hat er gleichfalls mit den Straßennamen des Viertels, in dem er wohnt. »Warum sollte ich sie mir auch merken«, so fragt er. »Ich finde meinen Weg auch so nach Hause.«

Erinnern Sie sich noch, daß die linke Gehirnhälfte so unterbelichtet in puncto Formgefühl ist, daß es nicht einmal einem Grafiker oder Maler gelänge, mit ihrer Hilfe ein Häuschen zu skizzieren? Für Fragen der Form ist also die rechte Gehirnhälfte zuständig. Ins Gebiet der Formfragen gehören aber nicht nur Bewegungen der Hand, etwa beim Zeichnen, sondern auch die anderen Bewegungen des Körpers, etwa beim Tanzen, Tennisspielen, Skifahren, Fußballspielen oder Nachäffen von Menschen. Wer die Sprechweise oder die Körperbewegungen anderer gut imitieren kann, wie man dies von einem Schauspieler, vor allem von einem Komiker erwartet, besitzt eine starke Verfügungsgewalt über seine rechte Gehirnhälfte. Nur zu gern neigen wir dazu, solche Menschen als wief, wenn nicht gar als intelligent einzuschätzen. Auf der anderen Seite gibt es Hochintelligente ohne die geringste Gabe zur Imitation. Ja, sie können nicht einmal die einfachsten Schritte ihres Tanzlehrers nachahmen.

An diesem Defekt, sprich an der Vorherrschaft der linken Gehirnhälfte leiden viele Intellektuelle. Der Intellektuelle unterwirft alle seine Eindrücke der sezierenden Analyse seiner linken

Hemisphäre und mißtraut zunächst einmal den Eingebungen der rechten Hälfte, die naturgemäß intuitiver, phantasievoller, künstlerischer sind.

Den Streit zwischen linker und rechter Gehirnhälfte können wir am besten bei einem Tennisturnier studieren.

Da spielen zwei Champions, die seit Jahren die Bewegungsabläufe ihrer Sportart hervorragend beherrschen. Sie spielen mit atemberaubender Geschwindigkeit. Die Bälle kommen und gehen so schnell, daß keine Zeit fürs Denken (linke Gehirnhälfte) bleibt. Dann passiert es, daß ein Ball nicht so zurückfliegt, wie der Spieler es angestrebt hatte. Was machen nun viele Spieler? Sie zeigen Ausdrücke von Mißmut. Entweder ziehen sie den Schläger verärgert durch die Luft, als wollten sie an ihm die Wut auslassen. Oder sie stampfen mit dem Fuß auf den Boden. Manchmal sieht man ihren Lippen an, daß sie nichts Nettes äußern.

Was geschieht in diesem Augenblick? Das skeptische, das kritische Linksgehirn schimpft über das doofe Rechtsgehirn, das soeben diesen Mist gebaut hat. Niemand hat es aber gern, gescholten zu werden, und deswegen reagiert das rechte Gehirn nun oft mit Leistungsabfall. Was die linke Hälfte nun erneut veranlaßt, die rechte zu tadeln, ein Teufelskreis entsteht.

Wer lernen will, seine technischen Leistungen bei Bewegungsabläufen zu steigern, so zum Beispiel bei sehr vielen Sportarten, aber auch beim Spielen von Musikinstrumenten und beim Bedienen bestimmter Geräte, wie Computer oder Schreibmaschinen, sollte folgende Gesetzmäßigkeiten beachten:

a) Bewegungen so lange einüben, bis sie unbewußt ablaufen: dann sind sie in der rechten Gehirnhälfte gespeichert, in jener für unbewußte Bewegungsabläufe zuständigen Gehirnhälfte.

b) die Bewegungsabläufe durch das linke Gehirn nicht stören, also weitgehend das Denken ausschalten. Nur Anfänger und Stümper denken an Bewegungsabläufe. Könner sagen sich, was sie wollen: das rechte Gehirn führt dann diesen Befehl aus.

Da sich unser linkes Gehirn aber sehr gern in die Arbeit seines

Gegenübers einmischt, ist es zweckmäßig, es mit ihm angemessener Tätigkeit zu beschäftigen.

Auf dieser Erkenntnis beruhen zwei empfehlenswerte Bücher: »Tennis und Psyche, das Innere Spiel« von W. Timothy Gallwey, München 1977 und »Besser Ski fahren durch Inner-Training«, von W. Timothy Gallwey und Bob Kriegel, München 1978.

So kann ich beim Tennisspielen mein linkes Gehirn weidlich beschäftigen, indem ich meine Atemzüge mitzähle. Ihrem Skifahren bekommt es, wenn Sie, vorausgesetzt, Sie sind noch nicht Meister, den Winkel des Geländes einschätzen, bei einer Abfahrt sich also denken: »25 Grad steil«, »jetzt 30 Grad steil«, »nun 20 Grad steil«.

Da fällt mir eine kleine Anekdote ein, die mir der dreizehnfache Weltmeister im Tanzen, Bill Irving, einmal erzählt hat. Als er noch am Anfang seiner Laufbahn stand, erlaubte er sich eine Unterrichtsstunde bei dem damals besten Trainer. Bill kam lange vor der verabredeten Zeit, um bei anderen Schülern etwas abzugucken. Man führte ihn in einen Umkleideraum neben dem Tanzsaal, wo der große Meister Unterricht gab. Durch einen Türspalt sah Bill, wie die Schüler vorbeitanzten, nur den Lehrer erblickte er nicht. Doch plötzlich stand dann der Lehrer so im Raum, daß Bill Irving ihn sehen konnte. Der Meister nahm in diesem Augenblick die Grundtanzhaltung ein und sagte: »If you have not got this, you have got nothing.« (Frei übersetzt: Wenn Sie es nicht im Blut haben, diese Haltung einzunehmen, dann haben Sie gar nichts.) Und Bill fuhr in seiner Erzählung fort: »Als ich diese Haltung sah und diesen Satz hörte, da machte es in meinem Kopf ›Klick‹. Mein Unbewußtes hatte dieses Bild fotografiert. Ich habe es nie mehr vergessen. So viel ich später auch noch hinzulernen mußte, kein einziger Trainer brauchte mehr meine Haltung zu verbessern.«

Der Präsident der deutschen Tanzlehrer, Gerd Hädrich, der Trainer bekannter Amateur- und professioneller Turnierpaare, stellte mir liebenswürdigerweise einen Bericht über seine langjährigen Erfahrungen mit visuellem Training zur Verfügung. Er wendet passives Training bei Tanzsportlern, Meisterpaaren,

Tanzlehrerkandidaten genauso gut an wie bei den ABC-Schützen des Parketts. Wie sieht dies in der Praxis aus? Gerd Hädrich sagt dazu in einem Brief:

»Da es sich bei uns um Tanzschritte handelt und der Schüler zuerst sein Augenmerk auf die Füße des Ausbilders richtet, ziehe ich immer möglichst auffallende Schuhe an. Ich wähle zum Beispiel farbige oder in der Form auffällige Schuhe, weil sich dieses Bild beim Lernenden besser einprägt. An sich ist das nichts Besonderes. So wie Menschen die Frisur oder die Kleidung von berühmten L̲ ̲ ̲ ̲ ̲ als Vorbild nehmen, so geht das ›Vorbild meiner ta̲ ̲ ̲ ̲ ̲ ̲ ̲ — ̲he‹ leichter in das Gehirn des Schülers ein, und ̲ ̲ ̲ ̲ ̲ ̲ ̲ ̲ ̲ ̲ ̲ ̲ ̲ er Lernende leichter und schneller identifizie-̲ ̲ ̲ ̲

̲ ̲ ̲ ̲ ̲ ̲ ̲ ̲ ̲ ̲ ̲ ̲ er Trainer den Bewegungsablauf, eine neue Vari̲ ̲ ̲ ̲ ̲ ̲ ̲ ̲ ̲ ̲ neuen Rhythmus einige Male in idealer Ausführu̲ ̲ ̲ ̲ ̲ ̲ ̲ hat, schließen die Schüler die Augen und versuchen, in dem Kino zwischen ihren Ohren das zu sehen und nachzuvollziehen, was ihnen soeben vorgeführt worden ist. Sie sollen sich dabei in einem möglichst entspannten Zustand befinden, oder wie Hädrich schreibt, »auf dem Stuhl sitzend, am besten alle viere von sich strecken.«

Gelingt es dem Lernenden ohne Schwierigkeiten und ohne daß der Film reißt, das Vorgeführte im Geist nachzutanzen, »dann ist der Stoff verstanden und akzeptiert. Nun kommt die praktische Ausführung. Dabei folgt der Schüler der Automatik, also seinem Unbewußten, ohne daß er noch über den Ablauf der Schritte nachdenken oder ihn gar von der Gehirnrinde steuern müßte«. Hier setzt dann oft die Schwierigkeit ein, nämlich der Zweifel, das Mißtrauen, ob das auch wirklich funktioniert. Was aber Hädrich immer wieder hört, wenn sich der Erfolg eingestellt hat: »Das kann doch nicht wahr sein…« – »Das gibt es doch nicht…« Er fährt fort: »Das mehrmalige Erfolgserlebnis ist eine große Hilfe, sich von diesen Zweifeln zu befreien und sie erst gar nicht mehr aufkommen zu lassen. Gelingt dem Mental-Trainierenden nicht die lückenlose Wiedergabe vor seinem geistigen Auge, dann kann das zweierlei Ursachen haben:

1. Er hat noch nicht richtig erfaßt, was er lernen sollte, oder
2. das Unbewußte lehnt den Lernstoff oder einen Teil davon ab.

Es ist sehr leicht festzustellen, ob Fall 1 oder 2 vorliegt. Zunächst erkläre und zeige ich erneut die Figur oder die Variation und lasse sie ein paarmal üben. Reißt dann beim erneuten mentalen Training der Film nicht, ist alles in Ordnung. Reißt der Film aber wieder an der gleichen Stelle, dann liegt Fall 2 vor. Unter diesen Umständen hätte ein noch so häufiges Erklären, Zeigen oder Üben keinen Erfolg. Man kann den Betreffenden zwar über diese Stelle hinwegzwingen, aber das hat wenig Sinn.«

Macht das Unbewußte, also die rechte Gehirnhälfte, nicht mit, ist jede bewußte Anstrengung umsonst. Hädrich erinnert sich eines Falles, wo solch ein Widerspruch tragisch-komische Folgen zeitigte. Eine Turniertänzerin sträubte sich gegen eine bestimmte Stelle in ihrer Kür und bat ihren Trainer Hädrich, diese zu ändern. Der Trainer aber lehnte ab. Bei einem Schautanz rutschte sie genau an dieser Stelle aus und brach sich den Unterarm. Damit war das Problem vorerst einmal gelöst.

Was für Spitzensportler gilt, gilt auch für Anfänger. Und hier stellt sich besonders schnell heraus, ob jemand beim mentalen Training »gemogelt« hat. Nach dem passiven Training plaziert sich die Gruppe und tanzt, was sie soeben im Geist geübt hat. Die »Mogler« können es nicht. Erstaunt stellen sie fest, daß die Nachbarn zur Rechten und Linken einwandfrei tanzen, was gelehrt wurde.

Dazu ein unvergeßliches Erlebnis. Ein Tanzlehrer hatte behauptet, daß er an einem Abend mehrere Tänze einem ganzen Saal voller Kurgäste, darunter viele ältere und alte Menschen mit defektem Bewegungsapparat, beibringe. Da ich selber nur zwei Tanzmuster kann (Walzer und eine Art Einheitsschritt, mit dem ich alle übrigen Tänze mehr schlecht als recht bestreite) und ich mich damals schon mit Lernpsychologie befaßte, fuhr ich mit ihm nach Bad Dürrheim, wo die Veranstaltung stattfinden sollte. Der Kursaal, gefüllt mit etwa 400 Menschen, Frauen, Männer, Durchschnittsalter etwa 50 Jahre, viele Übergewichtige, einige leicht Gehbehinderte. Hans Schäfer vom Tanzhotel Enzklösterle geht auf die Bühne. Einige lockere Worte der Einführung, Anwärmen des Publikums, Lachen. Dann schlägt er vor: »Wie wär's mit einem Cha-Cha-Cha?« Und er macht zur Musik einige Schritte vor. Er bittet die Zuschauer, sitzen zu bleiben und unter dem Tisch die Schritte nachzuahmen, die er auf der Bühne zeigt, erst ganz langsam, dann immer schneller, am Schluß im Normaltempo. Das wird ein paarmal mit viel Gelächter wiederholt. Seinem Charme gelingt es, auch ein paar Griesgrämige zu bewegen, ihre Beine unterm Tisch zu schwingen. Anschließend stehen alle auf, schieben ihren Stuhl an die Tischkante und tanzen stehend die gelernten Schritte. Es wird immer lustiger und ungezwungener. Nun sucht sich jeder eine Partnerin, einen Partner. Ich kann bestätigen, daß die Mehrzahl Cha-Cha-Cha tanzte. Übrigens auch ich. Wiederum erreichte Hans Schäfer mit seiner ansteckenden Heiterkeit, daß schließlich auch die letzten Tanzmuffel aufstanden und mitmachten. Und sie beherrschten die Grundschritte ebenfalls. Nach wenigen Minuten schwoften alle Anwesenden, sogar einige Kellnerinnen und der Kellner.

Im Verlauf des Abends brachte er uns dann auch noch das Grundmuster der Samba bei. Ich hatte lange zuvor einmal einen Tanzkurs für Ehepaare mitgemacht, der über sechs oder acht Abende ging. Aber erst seit jenem Abend in Bad Dürrheim habe ich die Grundschritte beider Tänze intus. Warum? Der erste Tanzlehrer hatte meiner linken Gehirnhälfte die Schritte beibringen wollen. Hans Schäfer, dieses psychologische Naturtalent, wandte sich gleich an die für Bewegungsabläufe zuständige Instanz, nämlich an die rechte Gehirnhälfte. Und deswegen lernen Touristen in Griechenland, ohne auch nur ein einziges Wort der Landessprache zu verstehen, durch Zuschauen und Mitmachen Sirtaki tanzen, worauf Vera Birkenbihl in »Enzyklopädie Naturwissenschaft und Technik« (Landsberg 1983) hinweist.

Lange bevor ich von dieser Methode gehört hatte, erfand ich meine eigene. An einem sonnigen Märztag fühlte ich mich beim Skifahren so wohl, daß ich anfing, einen Wiener Walzer zu singen und in diesem Rhythmus zu schwingen. Innerhalb weniger Minuten fuhr ich eine Nummer besser. Diese Leistungssteigerung einzig auf mein Wohlbefinden zurückzuführen, wäre unschlüssig; denn ich hatte mich ja auch schon vor meinen gesanglichen Selbstdarbietungen wohl gefühlt. Übrigens bin ich dieser Methode treu geblieben, indem ich beim Skifahren gerne Selbstgespräche führe. Ich tanze auch besser, wenn ich mich intensiv mit meiner Partnerin unterhalte. Aber wehe, wenn ich auf meine Schritte achte!

Für viele kreative Menschen spricht Einstein stellvertretend, wenn er schreibt: »Die Worte oder die Sprache, wie sie geschrieben oder gesprochen werden, scheinen in meinem Gedankenmechanismus keine Rolle zu spielen.«

Mozart (zitiert aus dem Buch »Das rechte Gehirn« von Thomas R. Blakeslee, Freiburg i. B., 1982) schildert uns in einem Brief, wie er komponierte:

»Wenn ich recht für mich bin und guter Dinge, etwa auf Reisen im Wagen oder nach guter Mahlzeit beym Spazieren und in der Nacht, wenn ich nicht schlafen kann: da kommen mir die Gedanken stromweis und am besten. Woher und wie, das weiß ich nicht, kann auch nichts dazu. Die mir nun gefallen, die behalte ich im Kopfe, und summe sie wohl auch vor mich hin, wie mir Andere wenigstens gesagt haben: Halt ich das nun fest, so kommt mir bald eines nach dem anderen bey, wozu so ein Brokken zu brauchen wäre, um eine Pastete daraus zu machen nach Contrapunkt, nach Klang der verschiedenen Instrumente et cetera, et cetera, et cetera. Das erhitzt mir nun die Seele, wenn ich nämlich nicht gestört werde; da wird es immer größer; und ich bereite es immer weiter und heller aus; und das Ding wird im Kopfe wahrlich fast fertig, wenn es auch lang ist, so daß ich hernach mit Einem Blick, gleichsam wie ein schönes Bild oder einen hübschen Menschen, im Geiste übersehe, und es auch gar nicht nacheinander, wie es hernach kommen muß, in der Einbildung höre, sondern wie gleich alles zusammen.«

Als er einmal gefragt wurde, wie es mit seiner Oper »Don Giovanni« stehe, antwortete er: »Sie ist bereits komponiert, ich muß sie nur noch schreiben.«

War eine Komposition in seinem Kopf fertig, ließ sich Mozart gern beim Schreiben der Partitur etwas vorlesen. Die Lektüre beschäftigte also seine linke Gehirnhälfte, damit die rechte um so ungestörter arbeiten konnte.

Das Gehirn lernbereit machen

Eine alte Erfahrung zeigt, daß unsere Merkfähigkeit nicht immer gleich ist. Und das hängt nicht nur von unserem Interesse für den Merkinhalt ab.

Leider besitzen wir kein Organ, das uns über unsere Lernbereitschaft aufklärt. Allerdings schuf menschliche Neugierde Meßgeräte, die Veränderungen in unserem Körper registrieren, sobald wir erfolgreich lernen. Zwar nur in geringem Maße, aber aussagefähig genug, lassen sich dann Veränderungen unserer Körpertemperatur und des Stoffwechselumsatzes feststellen. Ferner nimmt die elektrische Aktivität unseres Gehirns zu und es spannen sich die Skelettmuskeln an. Unser Aktivierungsniveau, wie die Pädagogen sagen, steigt.

Wenngleich wir kein Organ besitzen, das uns die Höhe unseres Aktivierungsniveaus verrät, uns also anzeigt, ob jetzt die Zeit für mehr oder weniger erfolgreiches Lernen gegeben ist, können wir diesen Mangel leicht verschmerzen, denn es gibt *Techniken*, den *lernbereiten Zustand* des Gehirns *einzuschalten*. Dies wenigstens für kurze Zeit.

Ein Seelenbad nehmen
Stellen Sie sich vor, Sie kommen vom Büro nach Hause. Da Sie neben Ihrer Arbeit ein Studium betreiben, wollen Sie nach dem Abendessen noch ein Kapitel Wahrscheinlichkeitsrechnung durchgehen. Sie hatten aber am Arbeitsplatz großen Ärger, den Sie nun nicht vergessen können. Kaum haben Sie einen Satz gelesen, wandern Ihre Gedanken wieder zum Streit im Büro zurück. Unnütz zu betonen, daß an diesem Abend Ihr Gehirn nicht sonderlich lernbereit sein wird.

Philosophische Gelassenheit ist leichter gepredigt als praktiziert. Selbst Entspannungskünstlern (Meister des autogenen Trainings, Yogapraktikanten, Meditationsgurus) gelingt ihre Technik am schlechtesten, wenn sie diese am notwendigsten brauchen. Da ist oft mit etwas Alkohol, einem Tranquilizer, einer strammen Radtour, einem auspumpenden Waldlauf mehr erreicht als mit Konzentrationsversuchen. Kommen Sie oft mit Wut im Bauch oder erschöpft von der Arbeit nach Hause, sollten Sie aber einmal mit einem Fachmann reden. Dann könnte nämlich auch etwas Grundsätzliches nicht stimmen.

Die Lernbereitschaft des Gehirns herzustellen fiele leichter, wenn wir störende Gedanken und Gefühle so leicht beseitigen könnten wie den Schmutz des Tages in einer Badewanne oder unter einer Dusche. Jeder wird für sich selbst eine ihm angemessene Technik geistiger Hygiene herausfinden müssen, die ihn die behagliche Ruhe erleben und genießen läßt, die ein aufgeräumtes Gehirn vermittelt.

Der Alpha-Zustand

Ähnlich wie unser Herz produziert unser Gehirn elektrische Energie. So wie das EKG die elektrische Energie des Herzens mißt, so zeichnet das EEG die elektrische Energie des Gehirns in Form von Wellenlinien auf. Diese Wellenlinien unterscheiden sich je nach der Anzahl der Hebungen beziehungsweise Senkungen pro Sekunde. Die Anzahl von Hebungen beziehungsweise Senkungen pro Sekunde wird »Hertz« genannt.

Bis zu 4 Hertz heißen sie Delta-Wellen.
Bis zu 7 Hertz heißen sie Theta-Wellen.
Bis zu 12 Hertz heißen sie Alpha-Wellen.
Über 12 Hertz heißen sie Beta-Wellen.

Wenn wir hellwach sind, zum Beispiel lebhaft diskutieren, herrschen Beta-Wellen vor. Wir befinden uns in Beta, wie die Neurologen sagen. Je aufgeregter wir sind, desto mehr Hertz erzeugt unser Gehirn. Wenn wir dagegen tagträumen, vor uns hindösen, entspannt Musik hören, einen nicht aufregenden Film anschauen, dann befinden wir uns in Alpha.

Delta- und Theta-Wellen interessieren uns in diesem Zusammenhang nicht: sie bestimmen unseren Schlaf.

Aus der Elektronik wissen wir, daß der ideale Stromkreis jener ist, der den geringsten Widerstand bietet. Dann wird die elektrische Energie am besten ausgenutzt.

Bei niedrigen Frequenzen, zum Beispiel in Alpha, empfängt und speichert das Gehirn mehr Informationen als bei hohen Frequenzen, zum Beispiel in Beta. Stellen Sie sich vor, Sie sind in einen Verkehrsunfall verwickelt. Passiert ist Ihnen dabei zwar nichts, dennoch sind Sie so aufgeregt, daß Sie nicht einmal mehr Ihre Autonummer auswendig wissen. Meinen Sie, in diesem Erregungszustand könnten Sie sich etwas merken, etwa eine genaue Adresse oder eine längere Telefonnummer? Je erregter wir sind, um so größer sind unsere Denk- und Lernblockaden.

Oder stellen Sie sich vor, Sie schleppen in höchster Eile zwei Koffer durch eine Bahnhofshalle, weil Ihnen jede Sekunde Ihr Zug wegfahren kann. Neben Ihnen rennt ein Fremdsprachenlehrer und versucht, Ihnen einige Vokabeln beizubringen, die Sie am Ziel Ihrer Reise gut gebrauchen könnten. Meinen Sie, Sie werden sich viel merken?

Nun aber sitzen Sie im fahrenden Zug, haben einen bequemen Platz, fühlen sich wohl, wären nicht einmal abgeneigt, ein Nikkerchen zu machen. Und dann spricht Ihnen Ihr Fremdsprachenlehrer die Vokabeln vor. Der Erfolg seiner Bemühungen wird unvergleichlich größer sein. »Nun kann ich mich konzentrieren«, werden Sie sagen. Der Gehirnforscher würde hinzufügen: »Klar, jetzt befinden Sie sich in Alpha.«

Sicher haben Sie schon viel über Autogenes Training gehört. Vielleicht haben Sie es bereits einmal versucht, vielleicht beherrschen Sie es sogar. Wie kam es zum Autogenen Training? Sein Entdecker, Prof. J. H. Schultz, betätigte sich zunächst als medizinischer Hypnotiseur, entband zum Beispiel viele Frauen in Hypnose schmerzlos. Seine Patientinnen erzählten ihm wieder, daß sie sich in Hypnose so wohlig schwer und warm gefühlt hätten. Schultz fragte sich: Wenn man sich in Hypnose wohlig warm und schwer fühlt, kommt man dann nicht in einen hypnotischen Zustand, wenn man versucht, sich schwer und warm zu empfinden? Er suggerierte nun seinen Patienten diese Gefühle, und siehe da, es trat bei ihnen eine ganze Reihe von Erscheinungen auf, die er von seinen Hypnotisierten her kannte. Eine dieser Erscheinungen war das Schweregefühl. Suggeriere ich mir nun, daß sich meine rechte Hand schwerer anfühlt als die linke, dann wird dies nach einigen Versuchen eintreten. Mein Verstand sagt mir natürlich, daß, rein gewichtsmäßig, meine rechte Hand soviel wiegt wie die linke. Trotzdem habe ich die Empfindung, daß sie schwerer ist. Warum?

Strecken Sie einmal Ihren rechten Arm aus und deuten Sie energisch auf einen Gegenstand. Sagen Sie: »Das da gefällt mir gar nicht. Das werde ich abschaffen!« Und jetzt frage ich Sie: »Haben Sie das Gewicht Ihres ausgestreckten Armes verspürt? Wohl kaum. Warum nicht? Weil die Muskeln Ihres ausgestreckten Armes angespannt waren. Und nun strecken Sie denselben Arm wieder aus, diesmal aber halten Sie ihn ganz schlaff. Spüren Sie nun sein Gewicht? Die Knochen, Muskeln, Sehnen, Bänder, die Haut, das alles zusammen wiegt doch etwas. Ein Prothesenmacher könnte uns ganz genau ausrechnen, wieviel der rechte Arm wiegt. Und nun, da Sie die Muskeln dieses Armes nicht anspannen, registrieren Sie sein Gewicht. Er wird schwer. Nach einigen Minuten wird er gar so schwer, daß Sie ihn nur mit Willensanstrengung ausgestreckt halten können. Die Schlußfolgerung aus diesem kleinen Versuch ist, daß Muskelentspannung ein Gefühl der Schwere in der betreffenden Muskelgruppe vermittelt. Entspannte Muskeln empfinden wir also als schwer.

Wissenschaftler wollten es aber nicht nur dem Gefühl des einzelnen überlassen, ob er seine Muskeln als entspannt oder angespannt, ja als verkrampft registriert. Also konstruierten sie einen Apparat, der den Spannungszustand eines Muskels mit derselben Sicherheit messen kann wie eine Stoppuhr die Zeit eines Hundertmeterlaufes. Der Apparat heißt Elektromyograph.

Wahrscheinlich wissen Sie bereits, was in den Muskeln passiert, wenn sich jemand in Alpha befindet. Seine Muskeln entspannen sich, wie der Elektromyograph überzeugend andeutet. Da gibt es sehr interessante Untersuchungen. Versuchspersonen, angeschlossen an Elektromyographen (EMG) entspannen sich. Der Elektroenzephalograph (EEG) zeigt an, wann die Versuchspersonen in Alpha kommen. Wenn sie sich dann etwas Aufregendes vorstellen, etwas, bei dem sie sich anspannen, wenn nicht gar verkrampfen, dann geraten die Versuchspersonen aus Alpha in hohes Beta.

Übrigens kann bei verschiedenen Menschen die Muskelanspannung so groß werden, daß sie zu stottern beginnen oder grundsätzlich stottern, was ein weiterer Beweis dafür ist, daß auch die Wiedergabe (output) von Gelerntem den Zustand einer gewissen muskulären Entspannung voraussetzt.

Lernhilfe Musik

Über die Bedeutung der Lernhilfe Musik werden Sie im Kapitel über Suggestopädie (Superlearning) mehr und Grundsätzliches erfahren. Hier nur soviel: Musik kann uns anregen (zum Beispiel Marschmusik), kann uns mitreißen (Walzer, Galopp), kann uns einlullen (Schlaflied).

Es ist nachgewiesen, daß zum Beispiel getragene Stücke von Barockmeistern wie Vivaldi, Händel, Bach zu unserer Entspannung beitragen. Panflötenmusik, legato gespielt, erzielt dieselbe Wirkung.

Abzuraten ist von Gesang, weil hierbei die Gefahr besteht, daß wir uns vom Text ablenken lassen.

Am Mnemotechnischen Institut der Karl-Marx-Universität Leipzig werden Lernsitzungen nicht mit speziellen Entspannungsübungen eingeleitet. Es genügt, wenn sich die Versuchspersonen 5–6 Minuten lang entspannende Musik anhören. Dazu Dieter Lehmann in »Wissenschaftliche Berichte«, Leipzig 1/1982:

»Wir wissen, daß die Musik nicht unmittelbar auf den menschlichen Organismus wirkt, sondern über das zentrale Nervensystem, wo sie physiologische Veränderungen hervorruft.« Ziel der entspannenden Musik: »das psychophysische Gesamtgefüge der Persönlichkeit zu harmonisieren«. »Mit Hilfe ausgewählter Musik werden das mentale und das organismische Spannungsniveau der Kursteilnehmer graduell herabgesetzt.« So kommt es zu einer Art »psychophysischer Selbstregulierung«. Übrigens haben die Leipziger Wissenschaftler festgestellt, daß passende Musik körperliche Wärme- und Schwereerlebnisse auslösen kann, ähnlich dem autogenen Training.

Lernhilfe Stille

Ich möchte nicht neben einem tätigen Preßlufthammer algebraische Formeln lernen müssen. Das Aufheulen einer Sirene, quietschende Autoreifen, Tiefflieger, penetrante Telefonisten, aber auch weniger geräuschvolle Lärmproduzenten lenken stark ab, regen auf und verhindern die optimale Lernbereitschaft des Gehirns. Auch unangenehme Sitznachbarn tun dies. Spätestens wenn das Baby in der Einzimmerbehausung schreit, ist schon manchem Studiker ein Licht aufgegangen, nur kein lernförderndes.

Dagegen gewöhnt sich unser Organismus schnell und leicht an gleichbleibende Geräusche, zum Beispiel an pulsierenden Straßenverkehr oder an das Klappern von Schreibmaschinen.

Lernhilfe Bequemlichkeit

Tief im Gehirn bohrenden Zahnschmerz, brennende Hämorrhoiden oder einen marternden Ischiasnerv kann man notfalls dem Todfeind wünschen, aber nicht einem Lernenden. Körperlich-psychische-geistige Harmonie setzt einen angenehmen Arbeitsplatz voraus, weder Temperatur noch Lichtverhältnisse, noch Beschaffenheit von Sitz- und Arbeitsfläche sollen stören.

Vorbereitungsritual Muskelanspannung

Muskelanspannung muß nicht gleich Muskelverspannung sein. Beobachten Sie eine Katze, die einem Beutetier auflauert. Jeder ihrer Muskeln ist wie eine Stahlfeder gespannt. Dann ein Sprung. Und nun trabt sie mit weich-durchlässigen Bewegungen, die Beute im Maul, davon. Nichts von der Muskelanspannung ist in ihr zurückgeblieben.

Spannen wir unsere Muskeln an, erhöhen wir unser Aktivierungsniveau, tragen wir also zur Lernbereitschaft bei.

Folgende Übungen haben sich hierbei bewährt, an die sich meine Seminarteilnehmer so schnell gewöhnen, daß sie sogar reklamieren, wenn ich einmal diese Übungen vergesse.

a) isotonische Bewegungen: wir gehen auf Zehenspitzen und strecken unsere Arme und Hände nach oben, als müßten wir mit jedem Schritt einen von der Zimmerdecke herabhängenden Apfel pflücken. Wir drücken mit beiden Händen gegen eine Wand, so wie wir dies tun, wenn wir ein Auto schieben.

Wir lehnen uns mit dem Rücken gegen eine Wand, senken das Gesäß, bis die Oberschenkel waagerecht sind und heben dann 10 Sekunden lang die Fersen so weit wie möglich hoch.

Wir machen Rumpfbeugen vorwärts, seitwärts, boxen mit den Armen, kurzum, wir bewegen unseren Körper. Drei, vier Minuten genügen. Natürlich haben wir zuvor die Fenster geöffnet, a) um das Zimmer zu lüften, b) aber auch, um die Sauerstoffzufuhr fürs Gehirn zu aktivieren. Sauerstoff ist die wichtigste Gehirnnahrung. Schon nach zwei Minuten ausgeprägtem Sauerstoffmangel erleidet das Gehirn Dauerschäden.

Eine andere Art von Muskelanspannung:

Wir setzen uns auf einen Stuhl, heben die ausgestreckten Beine einige Zentimeter über den Boden, winkeln die Arme an und machen Fäuste. Nun atmen wir tief ein und spannen dabei alle Muskeln an von den Zehen bis zur Kopfhaut. Dabei schneiden wir Grimassen. Wir bleiben drei, vier Sekunden in dieser Haltung, dann atmen wir tief aus und entspannen alle Muskeln. Dabei fallen Arme und Beine in die Ausgangslage zurück. Wir wiederholen dies mindestens dreimal.

Die kürzeste Art, unser Aktivierungsniveau zu steigern, ist folgende: Wir drücken einige Sekunden lang unsere Zungenspitze mit aller Macht gegen den harten Gaumen und spannen dabei auch unsere Hals- und Nackenmuskulatur an. Dann lassen wir los und erleben, daß sich unser Körper wohlig entspannt.

Auch diese Übung können wir einige Male wiederholen.

Sehr wichtig ist, daß Sie sich am Ende dieses An- und Entspannungsrituals entspannt fühlen, wohlig entspannt.

In meinen Seminaren über Superlearning biete ich dann noch eine besondere Übung zur Erhöhung des Aktivierungsniveaus an, über die ich später berichten werde. Ein Vorteil dieser Übung besteht darin, daß das Herz Gelegenheit hat, wieder seinen Ruhepuls zu finden für den Fall, daß die vorherigen Anspannungen zu weit vom Normalpuls weggeführt haben. Wer sein Herz jagen oder stolpern spürt, wird abgelenkt. Deshalb gehört auch der Ruhepuls zu einer optimalen Lernbereitschaft.

Wie Sie lernen, zu lernen

Richtige Motivation ist das halbe Lernen

Stellen Sie sich vor, jemand bittet Sie, sich die Telefonnummer 08382/319422 zu merken. Zunächst werden Sie sich fragen, warum. Es fehlt Ihnen also die Motivation. Und während Sie sich darüber Gedanken machen, ist Ihnen die Zahl entfallen.

In einer anderen Situation haben Sie ein Problem, sagen wir, ein Ihnen nahestehender Mensch leidet an einer Krankheit, für die Sie keinen Facharzt kennen. Auf Ihre Nachforschungen nennt Ihnen ein vertrauenswürdiger Bekannter die Telefonnummer eines solchen Spezialisten. Diesmal werden Sie nicht fragen, warum Sie sich eigentlich dessen Telefonnummer merken sollen. Sie werden mit uneingeschränkter Aufmerksamkeit diese Zahlenkombination in sich aufnehmen, werden sie sich in der Folge so lange wiederholen, bis Sie sich die Telefonnummer aufgeschrieben haben oder aber mit einem Schnalzen der Fingerspitzen abrufen können.

In meine Praxis kam eine Mutter mit ihrem 12jährigen Sohn, weil der Junge so unkonzentriert sei und deswegen in der Schule versage. Nach dem Urteil des Kinderarztes ist der Bub kerngesund. Wovon auch ich mich bald überzeugen konnte, nachdem wir die Mutter ins Wartezimmer geschickt hatten. Der Junge interessierte sich nicht für die Schule. Wohl aber für Motorräder. Er kannte die Namen aller Motorradhändler im Landkreis, er kannte alle Motorradmarken, die Oldtimer so gut wie die jüngsten Kreationen, die PS-Zahlen, den Hubraum, die Preise. Schließlich mußte ich der erstaunten Mutter sogar von einem brillanten Gedächtnis ihres Sohnes berichten. Warum er keine lateinischen Vokabeln lernen wollte, wurde der armen Frau erst klar, als ich sie bat, folgende Silben zu memorieren: xit – mat – yrz – sow – krr. Sie wußte nicht warum und starrte mich zunächst verständnislos an.

Lassen Sie mich eine Beobachtung, die Sie schon hunderte

Male bei sich und bei anderen gemacht haben, in einer Gesetzmäßigkeit zusammenfassen:

Große Motive setzen große Lernenergien frei.
Kleine Motive setzen kleine Lernenergien frei.
Kleine Lernenergien erlauben nur kleinste Lernfortschritte.

Die Münchnerin Ursula lernt einen kanadischen Studenten kennen. Er kann nicht Deutsch und sie nur sehr unbestimmbar Englisch. Aber ansonsten verstehen sie sich ausgezeichnet. Als er nach Kanada zurückkehren muß, lädt er Ursula ein, ihn im nächsten Urlaub zu besuchen. Sie versteht etwas von einer Hütte an einem See, von Wanderungen, von Treffen mit Freunden und natürlich von viel Liebe.

Ab sofort lernt Ursula Englisch in der Volkshochschule, ein Tatbestand, der Ursulas Freundin Babsy verführt, auch Englisch zu lernen, also mitzumachen. Babsy arbeitet bei einem Rechtsanwalt und ist mit einem Angestellten verlobt.

Heute abend ist wieder Englischunterricht. Aber es regnet in Strömen. Außerdem bringt das Fernsehen einen Film, den Ursula, Babsy und ihr Freund schon lange sehen wollen.

Preisfrage: wer von den beiden wird den Englischunterricht besuchen? Vielleicht beide, aber ganz bestimmt Ursula. Im Zweifelsfalle wird Babsy sich mit ihrem Verlobten den tollen Film anschauen. Im Zweifelsfalle wird dann Babsy auch zur nächsten Englischstunde nicht mehr kommen; sie war ja das letzte Mal nicht da und hat somit den Anschluß verloren.

Ursulas Motivation, Englisch zu lernen ist überwältigend, das heißt, sie ist so groß, daß sie Widerstände überwindet. Babsys Motivation ist so schwach, daß sie vor geringen Hindernissen kapituliert.

All die vielen angelesenen Fremdsprachenkurse, die zu Hause herumliegen, die verstaubten, weil nicht bespielten Musikinstrumente und die vereinsamten Heimtrainer sind teuere Beispiele mangelnder Motivation.

Fangen Sie deshalb nie an, etwas zu lernen oder sich Hilfsmittel (Bücher, Kassetten, Trainer usw.) zu kaufen, wenn sich Ihr Lernwille nur auf schwachem Eis bewegt. Nicht nur der Weg zur Hölle, auch der Weg zum Lernen ist mit guten, aber oft nur halbstarken Vorsätzen gepflastert.

Einige wichtige Merksätze für erfolgreiches Lernen:

- Je mehr ich mich für etwas interessiere, um so schneller und besser kann ich es mir merken, um so schneller und zuverlässiger lerne ich es.
- Wir hören, sehen und merken uns bevorzugt, was wir sehen, hören und uns merken wollen (selektive Aufmerksamkeit).
- Lehrer, die viel wissen, aber wenig motivieren können, erzielen schlechtere Ergebnisse als Lehrer, die weniger wissen, aber starke Motivatoren sind.
- Mangelnde Lernfähigkeit ist, von seltenen krankhaften Erscheinungen abgesehen (die an anderer Stelle behandelt werden) in erster Linie auf Interesselosigkeit zurückzuführen. Zu diesem Heer der Interesselosen zählen alle diejenigen, die vorgeben, zum Beispiel gern eine Fremdsprache oder ein Musikinstrument erlernen zu wollen, aber dann doch Abend für Abend vor dem Fernseher hocken und »entspannen« oder Pullover stricken.

Ein drastisches Beispiel: Stellen Sie sich vor, Sie sind soeben von einem Gericht dazu verurteilt worden, in 14 Tagen um Punkt 7 Uhr morgens gehängt zu werden. Sie waren bisher alles andere als ein Gedächtniskünstler. Ja, Sie litten in vielen Fällen an Konzentrationsschwäche. Was werden Sie aber nun in den letzten 14 Tagen Ihres Lebens tun? Mit ganz wenigen Ausnahmen sich auf den genauen Zeitpunkt Ihrer Exekution konzentrieren. Sie könnten gar nicht anders.

Sie werden jedoch nicht hingerichtet, wenn Sie innerhalb der nächsten zwei Wochen 500 portugiesische Redewendungen lernen und aufsagen können. Heute abend bietet das Fernsehen einen schönen Film an, und außerdem lädt Ihr Bekannter Sie zum Kartenspielen ein. Natürlich können Sie auch Portugiesisch lernen. Was werden Sie wahrscheinlich tun?

Lernen ist also kein Problem, wenn man stark motiviert ist. Was aber, wenn ich lernen soll, jedoch nicht stark motiviert bin? So ging Student P. S. zum Studium an die Universität, weil er einen akademischen Grad, nicht aber weil er akademisches Wissen erwerben wollte. Nach 17 Semestern war er immer noch nicht prüfungsreif und bummelte herum. Nach einigen Besprechungen in meiner Praxis kam ich zu dem Ergebnis, daß Herr P. S. in seinem jetzigen Zustand so wenig zum Studieren zu bewegen war wie ein Ochs zum Erlernen astronomischer Gesetze.

Zum Glück sind nicht alle Fälle so hoffnungslos.

So kann sich ein gutes Beispiel stark motivierend auswirken. Herr XYZ ist Exportleiter und bringt häufig ausländische Geschäftsfreunde mit nach Hause, mit denen er englisch oder französisch spricht; zwei Sprachen, in denen sich auch seine Frau gut unterhalten kann. XYZ's halbwüchsige Kinder erleben bei solchen Gelegenheiten, wie lustig es offenbar ist, englisch und französisch zu sprechen und zu verstehen. Sie sind stärker motiviert, Fremdsprachen zu lernen als Schulkameraden, die sich nur mit Fremdsprachen abgeben, weil dies der Stundenplan vorsieht.

Erlebt jemand öfters, welche Bewunderung es auslöst, wenn jemand gut ein Musikinstrument spielt, wächst die Chance, daß auch er dieses Instrument spielen können möchte und dann fleißig übt.

In der in einem anderen Kapitel darzustellenden Methode der Suggestopädie (bekannter unter dem Schlagwort Superlearning) arbeitet der Lehrer mit folgenden Motivationshilfen:

a) Es ist nicht schwer, sich Wörter einer Fremdsprache zu merken. Menschen, die zum Beispiel nie Englisch gelernt haben, kennen Begriffe wie: Computer (Rechner), Manager (Veranlasser), Shop (Laden), Farm (Bauernhof), Ranch (Stützpunkt einer Viehzucht), Rally (Zusammenkunft), Cross Country (quer übers Land) und so weiter. Sie haben diese Wörter nicht gepaukt, sondern aufgeschnappt, und so werden auch Sie jetzt in der nächsten Unterrichtseinheit eine große Anzahl von Wörtern und Redewendungen aufschnappen und sich merken.

b) In einem Superlearning-Seminar nimmt der Teilnehmer zu Beginn der Veranstaltung einen Vor- und Familiennamen aus der zu erlernenden Sprache an. Er ist also in einem Französischseminar nicht Karl Braun aus Trudering, sondern Henri Monfort aus Lyon. Und der Suggestopäde suggeriert ihm immer wieder: »Sie betreten jetzt ein Hotel in Frankreich, gehen an die Rezeption und fragen nach einem Doppelzimmer für zwei Nächte. Sie sind Franzose und sprechen gut französisch. Die kommenden Sätze nachzuvollziehen ist also für Sie kein Problem...«

Menschen mit einer stark ausgeprägten Phantasie sind Phantasiekrüppeln weit überlegen. Der spätere Kaiser Napoleon I. hinterließ uns ein Schulheft von etwa 40 Seiten, darin er als 10jähriger Strategien zur Verteidigung seiner Heimatinsel Korsika festgelegt hatte. Auch in späteren Jahren wurde jede Landschaft dem Schüler Bonaparte zu einer Studie für Angriff oder Verteidigung. Der 9jährige Goethe verfaßte ein Werk, darin sich Verwandte und Bekannte in Griechisch, Lateinisch, Deutsch, Jiddisch, Italienisch, Französisch und Englisch schreiben.

Herr X spart seit Jahren für ein Segelboot, auf dem er einige Wochen im Jahr das Mittelmeer durchkreuzen will. Lebhaft stellt er sich Segelmanöver vor, kämpft in Gedanken gegen widrige Winde, nützt navigatorische Vorteile aus und wird so zu einem guten Theoretiker. Würde er sich genauso lebhaft vorstellen, wie er abends neben einem Boot eines italienischen Skippers anlegt und mit heiteren Italienern einen Abend vertrinkt, würde er auch die Kraft und das Bedürfnis spüren, Italienisch zu lernen. Oder wie unser Reitlehrer immer sagte: »Hat der Reiter sein Herz über das Hindernis geworfen, springt der Gaul ganz von selber nach.«

Es gibt keine faulen Menschen, es gibt nur uninteressierte Menschen. Da liegt ein sprichwörtlich fauler Mexikaner am Badestrand, vor wonniger Faulheit unfähig, auch nur einen Finger zu rühren. Jetzt aber raune ich ihm ins Ohr: »Pedro, du hast doch schon einige Male die tolle Touristin gesehen, weißt du, die mit dem Superpo... Die wartet in Zimmer 412 auf dich.« Kein

Sturm der Karibik oder des Pazifiks könnten Don Pedros Lethargie schneller vertreiben als diese Mitteilung.

Positive Vorstellungen motivieren viel stärker als negative. Die motivierende Kraft der Angst ist viel schwächer als wir gemeinhin annehmen. Als vor etwa 100 Jahren Zahnbürste und Zahnpasta eingeführt werden sollten, war der auch heute noch nicht angenehme Besuch in einer zahnärztlichen Praxis meist mit einem Martyrium verbunden. Die Menschen werden zu Zahnbürste und Pasta greifen, wenn dadurch Bohren und Reißen weniger werden, vermuteten die Hersteller. Denkste! Nicht die Angst vor dem zahnärztlichen Horrorkabinett förderte die Mundhygiene. Die Umsätze stiegen erst, als der Werbefachmann darauf hinwies, daß ein frisch geputzter Mund lieber und öfter geküßt wird.

Selbst die Angst vor einem zweiten oder dritten Herzinfarkt kann viele Menschen nicht vom Rauchen abbringen.

Angst ist der schlechteste Pädagoge.

Vater X lernt mit seinem Sohn. Aus irgendeinem Grund konzentriert sich der Sohn nicht so, wie dies der gute Familienvorstand wünscht. Da platzt dem Alten der Kragen, und er faucht seinen Sprößling an, dessen Leistungen ab sofort rapide sinken. Ein Lehrer, der mit Angst arbeitet oder arbeiten muß (weil er sich sonst keinen Respekt verschafft), entfernt sich von optimalen Ergebnissen so weit wie ein Dirigent, der mit einer Mistgabel die Symphoniker leiten will.

Selbst Hinweise wie: »Jetzt müßt Ihr gut aufpassen, sonst versteht Ihr dieses Kapitel nicht« können schon Lernblockaden erzeugen. Übrigens sind Lernblockaden hormonell bedingt. Hormone verhindern, daß die Bioelektrizität, die für unser Denken mitverantwortlich ist, reibungslos von einem Nervenast zum anderen weiterspringen kann.

Wir müssen lernen, uns zu dehypnotisieren
Durch familiäre Bezugspersonen und durch professionelle Lehrer sind wir fast alle verbildet, lerngeschädigt:

a) Lernen ist schwer.
b) Lernen ist mühsam.
c) Ich vergesse viel zu schnell.
d) Ich kann mich nicht konzentrieren.

Ausdrücke wie »Das ist schwer«, »Dafür bist du noch zu klein«, »Das lernt man erst später« festigen die hypnotisch eingetrichterte Bereitschaft zur Fehlleistung.

Drei Suggestionen, welche die Merkfähigkeit erhöhen:

a) Ich werde jetzt einige Redewendungen einer Fremdsprache (einige Geschichtszahlen, chemische Formeln, mathematische Ableitungen usw.) lernen. Ich habe in meinem Leben schon viel Schwierigeres gelernt. Also keinerlei Problem.
b) Im Grunde genommen ist das, was ich jetzt gleich memorieren werde, nichts wesentlich Neues, sondern nur die logische Fortsetzung dessen, was ich bereits in anderem Zusammenhang gelernt habe. Also keinerlei Problem!
   Aus diesem Grunde sollte ein guter Pädagoge nicht mit blecherner Trompete verkünden: »Alle gut aufpassen. Wir lernen jetzt etwas ganz Neues.«
c) »Wir erweitern jetzt, was Ihr schon wißt. Mit dieser Erweiterung macht Ihr aber einen gewaltigen Sprung nach vorne.« Hier verbindet der Lehrer die Entängstigung mit der Aussicht auf ein großes Erfolgserlebnis.

Wie sich am besten dehypnotisieren? Denken Sie einige Sekunden lang darüber nach, was Sie in Ihrem Leben schon sehr schnell gelernt haben, so schnell, daß selbst Ihre besten Freunde überrascht gefragt haben, wie dies möglich war. Ich kenne Sie nicht, aber sicher ist auch Ihnen ähnliches in Ihrem Leben begegnet.

Es mag eine neue Sportart gewesen sein, Tanzschritte, Telefonnummern in einer neuen Firma, Familiennamen, Adressen,

Vokabeln einer Fremdsprache oder sonst etwas zu lernen. Vielleicht schließen Sie jetzt für einige Sekunden die Augen und denken darüber nach, was Sie schon einmal überdurchschnittlich schnell absorbiert haben. Und wenn Sie dies ermittelt haben, dann tun Sie gut daran, sich vor jedem Lernvorgang zu suggerieren: »Ich werde jetzt wieder genauso schnell und leicht lernen, wie ich damals gelernt habe.«

Übrigens, wenn Sie an den Stoff zurückdenken, den Sie so leicht aufnahmen, dann werden Sie feststellen, daß Sie sich damals sehr positiv fühlten, heiter, wenn nicht gar fröhlich waren, frei von der ängstlichen Frage, ob Sie es wohl schaffen werden. Sie befanden sich also in idealer Lernverfassung.

Vor einem meiner Seminare kam eine Kaufhausbesitzerin zu mir, um mich davor zu warnen, daß sie keinerlei Begabung für Fremdsprachen habe. Ich fragte sie, warum sie dann Italienisch lernen wolle, und sie antwortete, sie kenne unter ihren Kunden so viele nette Italiener, die sie in ihre Heimat eingeladen hätten. Wie diese Italiener hießen, wollte ich wissen, und es prasselte auf mich ein Bombardement welscher Namen nieder: »Franco«, »Gambarotta«, »Valverde« usw. Als ich ihr sagte, daß franco frei, gamba rotta gebrochenes Bein und valverde Grüntal heiße, blickte sie mich erstaunt an, und sie behielt die Bedeutungen. Hätte ich ihr gesagt: »La gamba è rotta« heißt, das Bein ist gebrochen, würde sie protestiert haben, daß sie so etwas nicht lernen könne, weil sie ja erwiesenermaßen für Fremdsprachen unbegabt sei.

Millionen von Menschen, die nie Englisch gelernt hatten, pickten nach dem letzten Weltkrieg Hunderte von englischen Vokabeln mit einer Leichtigkeit auf, mit der sie eine Bananenschale vom Boden aufheben.

Ein des Englischen völlig unkundiger Bursche sagte:

»Die Band ist o.k. Toller Sound, toller Beat, der Band Leader ist eine Wucht. Nach dem Cool Jazz kam Soul. Da war ich high. Ein Feeling, sag' ich dir. Was meinst, wen ich bei der Session traf? Den Haller, unseren Controller, den großen Computer-Spezialisten. Der managet unsere Firma.«

14 englische Wörter in wenigen deutschen Sätzen. Nicht in der

traditionellen Weise gepaukt, nein, ganz einfach aufgepickt, aufgeschnappt.

Wir lernen leichter, wenn wir vor dem Detail das Ganze verstehen

Angenommen, Sie wollen im Spanischen den Konjunktiv lernen. Dann kann ich Ihnen erklären, daß nach Verben des Wollens, Wünschens, Erwartens, ferner nach bestimmten verneinten Ausdrücken der Konjunktiv steht, und seine Formen lauten...

Ich kann Ihnen das Lernen aber auch leichter machen. Und damit das Merken.

Karl ist im Zimmer (ich bin sicher, daß Karl im Zimmer ist).

Wenn Karl im Zimmer wäre, würde Licht brennen (also ist Karl nicht im Zimmer).

Wo ist Karl? Einer antwortet: er sei im Zimmer (wer sagt, Karl sei im Zimmer, ist nicht sicher, ob nun Karl im Zimmer ist oder nicht). Diese Form der Ungewißheit heißt Konjunktiv.

Ich weiß, Karl ist im Zimmer: kein Konjunktiv.

Ich weiß nicht, ob Karl im Zimmer ist. Hier muß im Spanischen der Konjunktiv stehen, weil der Sprecher nicht weiß, ob Karl im Zimmer ist oder nicht.

Ich wünsche, daß Karl im Zimmer bleibt. Auch hier ein Konjunktiv im Spanischen, weil ich nicht weiß, ob Karl im Zimmer bleiben oder das Zimmer verlassen wird.

Lernen Sie nichts, wenn Sie davon keine klaren Begriffe haben

Natürlich wissen Sie, was ein Kreis ist. Wissen Sie aber auch, was eine Ellipse ist und wie Sie eine solche konstruieren? Wenn nicht, wie wollen Sie dann folgende Aufgabe lösen: Konstruieren Sie einen Kreis dergestalt, daß sein Mittelpunkt von den Brennpunkten einer Ellipse gleich weit entfernt ist.

Diese Aufgabe ist kinderleicht, wenn Sie wissen, was eine Ellipse ist und wie sie konstruiert wird.

Jede Wissenschaft und jeder Beruf hat eine besondere Sprache, die wir verstehen müssen, wenn wir uns dabei zurechtfinden wollen. Lassen Sie sich aber von diesen Fachsprachen nicht einschüchtern!

»Das mußt du ritardando und sehr legato spielen«, meint ein Musiker zum anderen. Geheimsprache. Hätte er gesagt: »Du mußt die Töne schön aneinander binden und dabei etwas langsamer spielen«, würde jeder verstehen, was gemeint ist.

Wörter wie Isomere, Isotopen, alecithal verlieren ihre angsteinflößende Wirkung, wenn ich mir klargemacht habe, was sie bedeuten. Und dann merke ich sie mir leicht und behalte sie.

Assoziationen erleichtern das Lernen wesentlich

Ein Huhn braucht den über ihm kreisenden Bussard nicht zu sehen. Es genügt ihm, seinen Schrei zu hören, und es flüchtet. Genauso haben Menschen wohl seit Urzeiten den Donner mit einen Blitz in Verbindung gebracht.

Sehe ich in einem Film zwei Bettpfosten und je ein paar Damen- und Herrenschuhe, dann habe ich gewisse Vorstellungen.

Will ich das russische Wort für Friseur lernen und sagt mir der Lehrer, daß es mit »Perückenmacher« zu tun hat, behalte ich es viel schneller als ohne diesen Hinweis. Kenne ich das Wort Friseur, lerne ich leicht das Tätigkeitswort friser = die Haare kräuseln oder le frisoir = das Brenneisen.

Aber nicht nur lautliche Assoziationen helfen uns zu lernen. In dem Kapitel über memotechnische Hilfsmittel und Übungen werden Sie eine Anzahl von Tricks finden, die Ihnen das Memorieren wesentlich erleichtern, etwa dann, wenn Sie Lerninhalte mit Örtlichkeiten verbinden, also assoziieren.

Davon berichtet schon der vor Christi Geburt lebende römische Staatsmann und Rechtsanwalt Cicero. Anläßlich eines Festessens trug ein Dichter Verse zu Ehren des Gastgebers vor. Hinterher verließ er kurz den Raum, gerade rechtzeitig, bevor die Zimmerdecke einstürzte und alle Anwesenden begrub. Nur von der Sitzordnung her konnte man dann später den Hinterbliebenen bei der Identifizierung der Leichen helfen.

Kurz nach dem Ersten Weltkrieg sorgte ein russischer Journalist mit seinem ungewöhnlichen Gedächtnis für Aufsehen. Dieser Mann, der unter der Bezeichnung S in die psychologische Literatur eingegangen ist, machte »Gedächtnisspaziergänge«, wenn er sich bestimmte Gegenstände merken wollte. Er stellte dann geistig Gegenstand für Gegenstand in einer ihm gut bekannten Straße vor Haustüren, Schaufenster, an den Fuß von Denkmälern oder auf die Stufen von Kirchen. Um die Gegenstände dann wieder aufzuzählen, promenierte er mental die Straße hinab und erblickte sie. Einmal übersah er aber ein Objekt, weil er versehentlich das weiße Ding vor einer weißen Wand plaziert hatte. Kein Wunder. Und einmal stellte er eine dunkle Schachtel vor ein im Schatten liegendes Tor. Wiederum entging ihm der Gegenstand.

Interferenzen erschweren das Lernen

In der Physik spricht man von Interferenz, wenn sich Wellen überlagern. Überschneiden sich zwei oder mehrere Radiosender, nimmt unsere Aufnahmefähigkeit ab. Manchmal ist dann die Interferenz so groß, daß wir überhaupt nichts mehr verstehen. So sind auch ziemlich ähnliche Wörter schwerer auf einmal zu lernen als in Abständen. Also ist es lernunökonomisch, folgende Wörter gleichzeitig zu lernen:

le poison – das Gift
la boisson – das Getränk
le poisson – der Fisch.

Leider sind viele Lehrer so kleinliche Würstchen, daß sie ihren Schülern zeigen wollen, was sie alles wissen und dann die schädlichsten Feuerwerke abbrennen, etwa so:

sink, sank, sunk
sing, sang, sung
think, thought, thought

Da machen dann Anfänger große Augen, und der Lehrer genießt die Wirkung.

Etwas ganz anderes ist es, wenn der Schüler bereits die einzelnen Formen kennt, sie aber gelegentlich verwechselt. Dann kann eine vergleichende Darstellung für mehr Klarheit sorgen.

Lernen mit Bewegung

Wenn Sie eine Fremdsprache nach der Berlitzmethode lernen, dann wird sowohl Ihr Lehrer wie auch Sie alles, was gesagt werden soll, mit Gesten begleiten. Äußern Sie: »I go to the door«, dann werden Sie nicht nur diese Laute produzieren, sondern auch wirklich zur Tür gehen.

Sagen Sie in der Fremdsprache das entsprechende Wort für »ich«, werden Sie sich an die Brust klopfen. Verwenden Sie das Wort für »du« oder »Sie«, werden Sie auf einen Menschen deuten. Und sinngemäß so weiter.

Berlitz wendet an, was jeder Mensch an sich selbst festgestellt hat: Ich merke mir etwas um so leichter, je mehr Sinne beim Lernvorgang angesprochen werden. Ich mache Bekanntschaft mit der chinesischen Frucht fu – yon – ong. Sie wird mir auf einem Jahrmarkt gezeigt. Ich vergesse den Namen wieder. Abends aber esse ich im Hotel ein Gemüse mit fu – yon – ong. Es schmeckt mir so ausgezeichnet, daß ich am nächsten Tag fu – yon – ong kaufe, im Arm nach Hause trage und das Gemüse selber zubereite. Berühre, schneide, schäle, beschnuppere, würze und esse ich dieses Gemüse, um wieviel mehr meiner Sinne werden angesprochen, als wenn ich diese Frucht nur auf einem Verkaufsstand liegen sehe. Also um so schneller kann ich mir das Wort merken. Übrigens, fu – yon – ong sollten Sie in China nicht bestellen. Diese Frucht gibt es nur in meiner Phantasie.

Es hängt auch mit der Ansprechbarkeit unserer Sinne zusammen, warum wir schneller fremdsprachliche Wörter lernen, bei denen wir uns ganz klar etwas darunter vorstellen können wie Brot, Milch, Zehe, Bluse, Nase, kriechen, niesen usw. Schwerer lassen sich die fremdsprachlichen Äquivalente von Freiheit, Zuverlässigkeit, Ungepflegtheit, Tolpatschigkeit lernen.

Paul frißt wie ein hungriger Hund. Darunter kann ich mir sehr wohl etwas vorstellen. Was aber verstehe ich unter der Aussage: Pauls Freiheit wird von der Unzuverlässigkeit seines Partners eingeschränkt.

Untersuchungen ergaben, daß Bewegungen, mit dem ganzen Körper ausgeführt, also zum Beispiel zur Tür gehen, die Merkfähigkeit mehr steigern als nur gedanklich ausgeführte Bewegungen. Aber auch nur gedanklich ausgeführte Bewegungen verbessern die Merkfähigkeit.

Ist es also nicht möglich, einen Gedanken zu schauspielern wie zum Beispiel in dem Fall »ich gehe zur Tür«, dann sollte ich ihn mir wenigstens vorstellen. Auch hierbei ist der Phantasiebegabte dem Phantasiearmen überlegen.

Einige Beispiele:

to take into account	in Betracht ziehen
to be left holding the baby	eine Sache am Hals haben
to bark up the wrong tree	auf dem Holzweg sein
at full blast	in vollem Gang, Tempo
a flash in the pan	Strohfeuer
to fork out a lot of money	blechen müssen

Ich verwandle die einzelnen Ausdrücke in Bilder:

to take into account	ins Konto hineinnehmen, eintragen
to be left holding the baby	man hat mir ein fremdes Baby auf den Arm gelegt und sich dann verduftet
to bark up the wrong tree	zwei Bäume, auf einem sitzt eine Katze, aber ein Hund bellt jenen Baum hinauf, auf dem die Katze nicht sitzt
at full blast	blast = Sturm; ich sehe einen Wirbelwind, der vieles mit sich reißt
a flash in the pan	ein Blitz fährt in die Pfanne, aus der Feuer herausschießt, aber nur für die kurze Zeit, bis das Fett verbrannt ist
to fork out a lot of money	aus einem Karren mit einer Forche (Mistgabel) Geldscheine spießen

Die Ebbinghaus'sche Lern- und Vergessenskurve

Vor etwa 100 Jahren war Deutschland eine Art Mekka für alle Ausländer, die sich mit Psychologie als Wissenschaft beschäftigten. Und einer, der wesentlich zu diesem Ruf und Ruhm beitrug, war Prof. Hermann Ebbinghaus (1850–1909). Der in Breslau und Halle wirkende Gelehrte war einer der Bahnbrecher und Mitbegründer der experimentellen Psychologie.

Als erster führte er experimentelle Untersuchungen über Lern- und Gedächtnisvorgänge durch, sowohl in Selbst- als auch in Fremdversuchen. Ebbinghaus experimentierte vorwiegend mit dem Erlernen von sinnlosen Silben: Dagegen verwenden moderne Forscher heute sinnlose und sinnvolle Wörter, ohne deswegen zu wesentlich anderen Ergebnissen zu kommen als Papa Ebbinghaus.

Die Ebbinghaus'sche Vergessenskurve

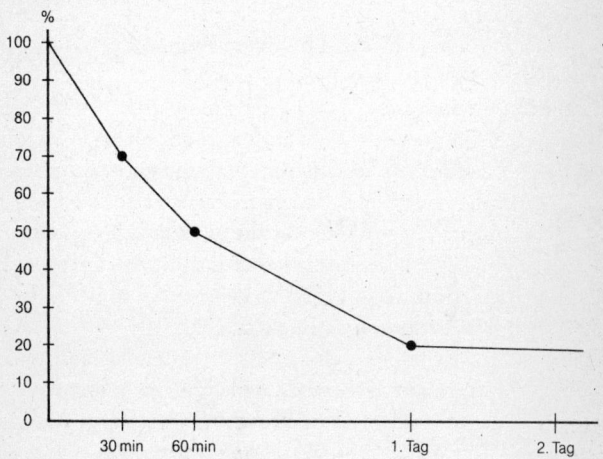

Diese Kurve besagt, daß Gelerntes zuerst schnell, fortlaufend immer langsamer vergessen wird.

Angenommen, wir haben 40 englische Vokabeln gelernt und beherrschen diese nach dem Lernvorgang 100%ig. Nach 30 Minuten haben wir aber bereits 30% davon vergessen. Und nach einer Stunde die Hälfte.*

In der ersten halben Stunde vergißt man also ungefähr 12 Wörter, in der zweiten noch 8 Wörter dazu.

20% des Gelernten bleibt immer eine längere Zeit »hängen«, wie lange, das ist individuell verschieden. Verschieden ist natürlich auch, was beim einzelnen hängen bleibt.

Wir verdanken Ebbinghaus das *Ebbinghaus-Gesetz*, das besagt, daß eine Vergrößerung der Menge des Lernmaterials eine überproportionale Steigerung der Lernzeit notwendig macht. Um 10 Vokabeln zu lernen, brauche ich 10 Minuten. Um 20 Vokabeln zu lernen, brauche ich nicht 20 Minuten, sondern 30 Minuten. Um 40 Vokabeln zu lernen, brauche ich nicht 60 Minuten, sondern 120 Minuten (diese Zahlen sind willkürlich gewählt, stellen aber den Sachverhalt/die Relation exakt dar).

Übertrieben formuliert heißt das, daß dem linearen Ansteigen des Lernstoffes ein fast quadratisch steigender Zeitbedarf entspricht.

Schlußfolgerungen aus der Ebbinghaus'schen Forschung:

a) Die erste Wiederholung sollte möglichst bald erfolgen. Wiederhole ich schon nach 30 Minuten, muß ich nur etwa ein Drittel des Gelernten auffrischen. Warte ich eine Stunde, ist mir bereits die Hälfte entfallen. Je früher ich also wiederhole, um so weniger Zeit muß ich für die Wiederholung aufbringen. Je mehr Zeit ich beim Wiederholen einspare, um so mehr Zeit verfüge ich für das Erlernen von neuem Stoff.
Die erste Wiederholung sollte möglichst intensiv sein.
Als zweckmäßig haben sich neben der ersten Wiederholung Wiederholungen am nächsten, am vierten, am siebenten, am zwölften Tag erwiesen, also verdoppelt sich der wiederholungsfreie Zeitraum.
Dieser Wiederholungsrhythmus verändert die Ebbinghaus'sche Kurve folgendermaßen:

---

* Natürlich handelt es sich bei diesen Angaben um Durchschnittswerte, die je Individuum besser oder schlechter ausfallen können.

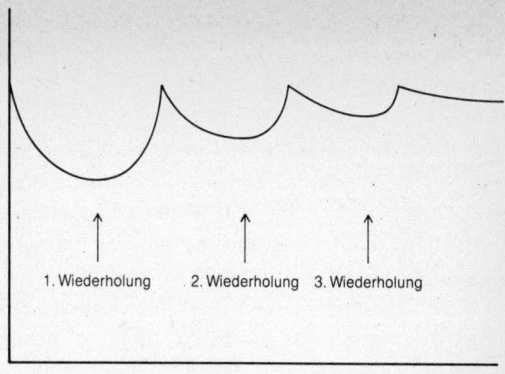

1. Wiederholung   2. Wiederholung   3. Wiederholung

b) Es ist sehr wichtig, die Lernzeit rationell zu verteilen. Nehmen wir an, man braucht für das Erlernen eines bestimmten Stoffes 20 Stunden. Dann sind die Leistungen dessen, der an 10 Tagen je 2 Stunden lernt (und in dieser Zeit wiederholt) weit überlegen denen eines Haurucklerners, bei dem an zwei Tagen je 10 Stunden gepaukt wird.

Pausen rechtzeitig einlegen

Wieviel sich ein Mensch bei einer »Sitzung« merken kann, ist fallspezifisch, das heißt, es hängt von verschiedenen Umständen ab, von seiner körperlichen, seiner psychischen Verfassung, von seinem Interesse am Lernstoff, von seinem »Lernplateau«. Darunter versteht der Pädagoge die Tatsache, daß es bei einigen Menschen trotz fleißigen Wiederholens und Einübens zu keiner merklichen Mehrung des Wissens kommt.

Es gibt Menschen, die lassen täglich ein wenig ihre Muskeln spielen und können nach einigen Monaten einen wahren Athletenkörper vorweisen. Ein anderer trainiert wesentlich ausdauernder und hat nach Jahren immer noch nicht mehr als einige kleine Muskelsäckchen an Armen, Beinen, Brust und Rücken hängen. Was hab' ich fleißig Gitarre geübt und es in 20 Jahren nicht so weit gebracht wie mein damals 14jähriger Sohn in einigen Monaten.

Wann sollten Sie also eine Pause machen? Die beste Antwort

gibt darauf Ihr Körper. Wenn Ihnen das Lernen keinen Spaß mehr macht oder wenn Sie ein Nachlassen Ihrer Lernleistung feststellen, dann sollten Sie aufhören.

Stellen Sie sich einen fernsehsüchtigen Zeitgenossen vor. Er schaltet die Glotze um 18.00 ein und um 24.00 ab. Es ist erwiesen, daß in der Mehrzahl der Fälle ein »Süchtiger« nicht in der Lage ist, anzugeben, welche Sendungen er gesehen hat, geschweige denn Wesentliches über eine einzelne Sendung zu berichten oder sich gar Details zu merken, zum Beispiel die Einwohnerzahl von Nordirland, worüber er einen Film gesehen hat, oder die sechs Ursachen für das extrem niedrige Bruttosozialprodukt des immens reichen Bolivien.

Warum diese katastrophalen Fehlleistungen? Eine Information verdrängt die nächste. Tageseindrücke wirken sich also ungünstig auf das Behalten von Lernmaterial aus.

Um dieses Problem zu studieren, wählte die Forschungsstelle für Memologie der Karl-Marx-Universität Leipzig folgende Versuchsanordnung:

Eine Gruppe von Versuchspersonen mußte eine Reihe zusammenhangloser Silben fehlerfrei erlernen. Nach acht Stunden konnten noch neun Prozent des Gelernten wiederholt werden. Schliefen die Versuchspersonen aber unmittelbar, nachdem sie die Silben gelernt hatten und wurden nach acht Stunden zur Überprüfung ihrer Lernleistung geweckt, dann hatten sie 56% des Gelernten behalten. Also ungefähr das Sechsfache.

Schlaf scheint den Lernprozeß zu festigen. Und zu *steigern*! Wie der sogenannte *Lernzuwachs im Schlaf* beweist. Wiederum an der Universität Leipzig lernten Versuchspersonen eine Reihe von Vokabeln und wurden nach einer bestimmten Zeit abgefragt. Im Schnitt konnten sie sich an 65% erinnern. Dann schliefen sie und wurden nach dem Erwachen wieder befragt, nun konnten sie 75% des Gelernten reproduzieren.

Warum dem so ist, darüber diskutieren die Forscher immer noch. Uns genügt die Schlußfolgerung, daß wir am besten vor dem Einschlafen auswendig lernen. Somit werden die postmentalen Erregungen (das Lernen nach dem Lernen) nicht gestört. Oder wie es der Psychologe Rohracher ausdrückt: »Das Gehirn lernt länger als das Bewußtsein.« Und da wir nicht wissen, wer und was und wie im Gehirn lernt, können wir sagen: »Das Unbewußte lernt länger und angenehmer als das Bewußte, nämlich auch im Schlaf.«

Wann lernt also der intelligente Faulpelz?

Nehmen wir an, Sie sind berufstätig bis um 17.00, kommen gegen 18.00 nach Hause, essen, lesen, treiben Sport und sehen fern. Aber Sie müssen so nebenher in acht Wochen die Anfangsgründe des Russischen beherrschen. Gewohnheitsgemäß gehen Sie gegen 23.00 ins Bett.

Dann lernen Sie am ökonomischsten mit einem Kassettenkursus von 21.00 bis 22.00 Russisch, bereiten sich aufs Schlafen vor, erfüllen vielleicht auch noch Ihre »ehelichen Pflichten« und strecken sich kurz vor 23.00 im Bett aus. Nun wiederholen Sie – eine Angelegenheit von einigen Minuten –, was Sie heute neu hinzugelernt haben, wiederholen aber auch den Stoff früherer Lektionen (davon mehr an anderer Stelle).

Nach dieser Repetition Licht aus, aufs Ohr gelegt und geschlafen. Übrigens, mir ist keine Untersuchung über die Merkfähigkeit bekannt, wenn Sie zuerst wiederholen und dann Ihre »ehelichen Pflichten« verrichten.

Neues besonders exakt lernen

Nehmen wir an, Sie lesen einen fremdsprachlichen Text und stoßen auf das Wort »to kindle«. Aus dem Zusammenhang haben Sie erraten, daß dieses Verb »anfachen«, »reizen« bedeutet. Aber Sie wissen nicht, wie es ausgesprochen wird. Um in einem Lexikon nachzuschlagen, sind Sie zu träge. Also entscheiden Sie sich für die Aussprache i = ai. Und die ist falsch.

Beim ersten Lernen sollten Sie besonders pingelig sein, denn Umlernen erfordert viel mehr Zeit als Neulernen.

Neuerlerntes sorgfältig einüben

Sie haben einige chemische Formeln gelernt, zur rechten Zeit wiederholt und alles verstanden. Nun sieht Ihr Lehrbuch einige Aufgaben vor. Um sich kontrollieren zu können, verfügen Sie über einen Schlüssel.

Erledigen Sie diese Aufgaben:

a) um sich zu kontrollieren. Es könnte sich ja ein kleines Miß-
verständnis eingeschlichen haben;
b) um das Gelernte zu festigen. Alles in der Theorie erlernte
Wissen wird erst unser, wenn wir es in die Praxis umsetzen
können.

Es ist leichter, den Stoff anhand von Fragen wiederzugeben, als
ihn frei reproduzieren zu müssen. Ein guter Lehrer und ein gutes
Übungsbuch stellen also zuerst einmal vernünftige Fragen. Aber
auch den Autodidakten hindert niemand, sich den Stoff in Fragen zu zerlegen und ihn beantwortend einzuüben.

Zu einer systematischen Aufbereitung des Stoffes zwingt die
sogenannte Lernkartei, deren Nutzen nicht überschätzt werden
kann. Jede Schuhschachtel kann in eine Lernkartei umfunktio-
niert werden. Für Fremdsprachenunterricht bieten Verlage fer-
tige Lernkarteien an. Selbsterstellte haben den Vorteil, daß Sie
sich den Stoff erarbeiten müssen und ihn schon einmal geschrieben haben. Auch die Beschäftigung des motorischen Nervensy-
stems hilft Lernstoff speichern.

Angenommen, ich will Geologie lernen. Dann schreibe ich
mir auf der Vorderseite eines postkartengroßen Zettels den Begriff auf, den ich lernen will, sagen wir »Orogenese«. Auf der
Rückseite des Kärtchens vermerke ich »Gebirgsbildung; Gegensatz: Epirogenese...« Natürlich kann ich mir dort soviel notieren, wie ich glaube zu diesem Thema wissen zu müssen. Und damit ist schon angedeutet, daß eine Lernkartei sich auch vorzüg-
lich zur Vorbereitung auf eine Prüfung eignet.

Zunächst schlüssele ich also den Lernstoff in Einzelfragen und
ihre Antworten auf.

Dann stelle ich das Kärtchen mit der Frage und den Antworten
in die Lernkartei.

Nun lerne ich bei Gelegenheit die einzelnen Antworten. Be-
herrsche ich den Inhalt eines Kärtchens, plaziere ich es in das
zweite Fach, das vom ersten durch einen starken Karton getrennt
ist.

Ist mir der Inhalt eines Kärtchens noch nicht geläufig, belasse ich es in seinem Fach. Somit wird es beim nächsten Lernvorgang wieder bearbeitet, so lange, bis ich die Frage einwandfrei beantworten kann. Dann kommt auch diese Karte ins zweite Fach.

Von Zeit zu Zeit gehe ich die Kärtchen des zweiten Fachs durch. Mache ich dabei einen Fehler, stelle ich sie wieder ins erste Fach zurück.

Habe ich die Antworten der Kärtchen im zweiten Fach einige Male auf Anhieb richtig reproduziert, kommen diese Kärtchen ins dritte Fach, das ich nur noch gelegentlich überfliege.

Ich vermeide so das Überlernen, also Wiederholungen von bereits beherrschtem Wissensstoff.

Jedes Plazieren eines Kärtchens in ein hinteres Fach wird zur Belohnung, wird zu einem kleinen Erfolgserlebnis.

Die in den hinteren Fächern steckenden Kärtchen zeigen mir, wieviel ich schon gelernt habe.

Lernhemmungen vermeiden

Von einer Lernhemmung, der Interferenz, sprachen wir bereits weiter oben.

Lernen Sie nicht, wenn Ihre Gedanken ganz woanders sind (affektive Hemmung). Sie liegen im Bett und wollen juristische Definitionen wiederholen. Dabei zwängt sich immer wieder das Gespräch mit Ihrem Chef dazwischen, der Ihnen, wenigstens nach Ihrer Auffassung, verdammtes Unrecht zugefügt hat.

Der falsche Ehrgeiz

Überfordern Sie sich nicht. Bei Überforderung sinkt die Leistung. Statt weiterzuwursteln, ziehen Sie sich lieber auf jenes Gebiet zurück, auf dem Sie noch festen Grund unter den Füßen hatten.

Abwechslung macht das Lernen süß

Je ähnlicher zwei Themen sind, um so mehr gemeinsame Schaltstellen werden beim Lernen in unserem Gehirn benützt. Bildhaft gesprochen: mache ich eine Dünenwanderung, gehe ich ganz andere Wege als bei einer Bergtour. Bei so unterschiedlichen Wegen überlagern sich meine Fußspuren nicht. Zieht ein Skifahrer eine Spur durch unberührten Schnee, hebt sie sich klar ab. Benützen aber mehrere Skifahrer dieselbe Strecke, verwischen sich ihre Spuren, und es fällt dann schwer, die einzelnen Spuren genau zu verfolgen.

Lerne ich Englisch, werden andere Nervenzellen aktiviert, als wenn ich Chemie studiere. Während ich Chemie lerne, bleibt der für Sprachenlernen zuständige Teil meines Gehirns weitgehend unbeschäftigt. Zumindest wird er nicht gestört.

Die Wissenschaftler bieten uns zwei Theorien über das Vergessen an:

a) Wir vergessen, weil sich nach und nach die neurophysiologischen Verbindungen (die Nervenpfade, in denen sich ein gewisses Wissen gespeichert hat) auflösen, wobei die Bahnen zwar noch bestehen bleiben, aber andere Weichenstellungen auftreten;
b) wir vergessen, weil nachfolgende geistige Aktivitäten die vorausgehenden neurophysiologischen Bahnen stören.

Jede dieser Theorien ist einleuchtend, wenngleich sie sich widersprechen, was nicht besagen muß, daß beide falsch sind, das heißt, Vergessen kann sowohl auf einer Störung der Weichenstellungen durch ihre geringe Benützung (Einrosten) beruhen wie aber auch auf der Störung eingeschliffener neurophysiologischer Spuren durch andere Spuren.

Ganz gleich, welche Theorie nun für das Vergessen gilt, aus der Praxis können wir ableiten, daß wir den Lernstoff in Blöcke einteilen sollten, die möglichst wenig miteinander zu tun haben.

Ich lerne Mathematik, mache eine Pause und wiederhole dann meine lateinischen Vokabeln. Wiederum nach einer Pause beschäftige ich mich mit Biologie und dann mit Physik. Übrigens, Pausen, die länger als fünf Minuten dauern, sind lerntechnisch schädlich, weil sie die allgemeine Lernbereitschaft herabsetzen. Muskelanstrengungen, zumindest aber Muskelbewegungen und verstärkte Sauerstoffzufuhr in den Pausen sind dagegen empfehlenswert.

Ein Suchtraucher, der kribbelig geworden ist, weil er eine halbe oder dreiviertel Stunde lang keine Zigarette mehr rauchen durfte (zum Beispiel während einer Vorlesung oder einer Seminarsitzung) wird gut daran tun, sich mit einer Zigarette zu beruhigen und anschließend noch frische Luft zu schnappen, etwa durch energisches Laufen auf der Stelle.

Diese Empfehlung für die Länge und Art der Pausen entkräftigt nicht die Erkenntnis, daß Schlafen nach dem Lernvorgang die Merkfähigkeit wesentlich fördert, ja, worüber ebenfalls berichtet worden ist, im Schlaf sogar einen Lernzuwachs eintreten läßt.

Was aber, wenn zum Beispiel in einem Fremdsprachenseminar eine Woche lang nichts als Italienisch gelernt wird? Dann wird der gute Pädagoge mit besonderer Aufmerksamkeit den Unterrichtsverlauf gestalten müssen. Er wird nach einer Lektion mit neuen Vokabeln alle bisher gelernten Präpositionen in eine Liste eintragen lassen, dann eine grammatikalische Eigenheit erklären, hierauf einige Lieder singen lassen, anschließend verschiedene Zeiten mit einem Sprachspiel einüben usw. Die mangelnde Abwechslungsmöglichkeit bei den sogenannten Intensivkursen erklärt, warum die Ergebnisse meist enttäuschend sind und intensiv nur die Nerven mitgenommen werden, weswegen schon mancher Kursteilnehmer nach 14 Tagen »Crashcourse« vier Wochen Urlaub benötigte.

Im Gegensatz dazu berichten nach den Regeln der Suggestopädie (Superlearning) Unterrichtete, daß sie sich wohl fühlen wie im Urlaub, besser schlafen und zum ersten Mal nach langer Zeit nicht mehr ans Büro zu Hause denken.

Menschen ohne oder mit nur geringen Erfahrungen im Lernen von Fremdsprachen versprechen sich grundsätzlich zuviel von einem Auslandsaufenthalt. Sie meinen, sie würden mit der Pariser Luft auch gleich Französisch einatmen. Besuche ich mit keinen oder geringen Kenntnissen im Französischen eine Sprachenschule in Frankreich, dann wird der Betrieb dort jenem gleichen, den ich auch zu Hause haben könnte, nur wird er meist wesentlich teurer sein. Arbeite ich zu Hause mit Kassetten, gewöhnt sich mein Ohr an dieselbe korrekte Aussprache, als wenn ich

Französisch in Frankreich aus dem Munde eines französischen Lehrers vernehme.

Ein Franzose weiß nicht, wo mich Deutschsprachigen der Schuh drückt, wenn ich seine Sprache lerne. Sehr gut aber sind diese Probleme einem Deutschen bekannt, der Französisch lehrt, denn er hat sich selbst ja auch damit herumgeplagt. Er versteht also meine Schwierigkeiten besser und kann deswegen leichter auf Abhilfe sinnen.

Ein Deutschsprachiger, der Französisch lernt, hat andere Probleme als ein Spanier oder Pakistani, der Gleiches tut. Bei Kursen im Ausland treffen sich aber sehr oft in einer Klasse Skandinavier, Romanen, Afrikaner, Japaner usw. Armer Lehrer, arme Schüler!

Hoffe ich aber, daß ich durch das Eintauchen in die Fremdsprache diese schneller lerne, täusche ich mich wiederum. In wenigen Minuten prasseln dann so viele neue Wörter, Redewendungen, Un- oder Halbverstandenes auf mich ein, daß das eine das andere verdrängt. Es sei denn, ich bewege mich durch das fremde Land stets bewaffnet mit einem Lexikon und einem Notizheft, in dem ich Zweifelhaftes sofort kläre und Neues notiere. Dann habe ich aber den stündlich rapide anwachsenden Inhalt meines Notizbuches noch lange nicht im Kopf. Ich werde mich folglich in die Stille zurückziehen und dort meine Vokabeln pauken müssen wie mit traditionellen Lernmethoden zu Hause. Bei dieser Sachlage kann ich aber gleich daheim bleiben und mir nach Lust, Zeit und Lernfähigkeit täglich ein, zwei, drei Lektionen vornehmen und nach den Gesetzmäßigkeiten der Lernpsychologie einverleiben. Ich spreche aus Erfahrung, denn ich verbrachte das Schuljahr 1949/50 in Frankreich, weil ich ein Stipendium erhalten hatte. Und ich arbeitete drei Jahre lang in Lausanne in einer pharmazeutischen Firma. Also insgesamt vier Jahre in französisch sprechender Umgebung bei französischer Unterrichts- beziehungsweise Bürosprache. Als ich das Stipendium bekam, konnte ich bereits eine französische Zeitung lesen und mich mit Franzosen unterhalten. Ich bin aber fest überzeugt, daß ich statt der vier Jahre in französisch sprechenden Gebieten sechs Monate in einer Dolmetscherschule in Deutschland effektiver Französisch gelernt hätte. *Aber*, und jetzt kommt das aber, es war für einen jungen Studenten herrlich, sich an die Französinnen heranzutasten und zu sehen, wie man dort so manches anders als in München betreibt. Es war aufschlußreich, in einer französischen Familie mit einer ungewöhnlich großen Kinderzahl (sieben) zu wohnen. Außerdem brachte mir Madame die Anfangsgründe der Kochkunst bei.

Sehr viele Menschen können nicht lange allein sein und schon gar nicht allein lernen. Für sie ist der Wunsch, eine Fremdsprache im betreffenden Ausland zu lernen, eine willkommene Ausrede, daheim nichts lernen zu müssen, also, bleiben wir im Bild, Französisch in einem Boulevardcafé oder im Bett zu lernen statt in den langweiligen vier Wänden zu Hause in Depfendorf an der Depfe.

Die Mehrzahl der Menschen war noch nie verlegen, gut klingende Ausreden zu finden, wenn sie sich vorm Denken und Lernen drücken wollten. Oder wenn sie mit ihren Versuchen des Denkens und des Lernens Schiffbruch erlitten hatten.

Ganz anders folgende Lage: Sie haben einen Grundkurs Spanisch durchgearbeitet, beherrschen den Grundwortschatz (etwa 2000 Wörter und Redewendungen), sprechen zögernd, verstehen aber Spanier schlecht, die in einer Minute etwa dreimal so viele Silben sprechen wie Sie als Mitteleuropäer in ihrer Muttersprache. Und nun gehen Sie für drei Wochen nach Madrid an ein geeignetes Spracheninstitut. Wenn Sie zurückkehren, werden Sie das Alltagsspanisch verstehen, keine Angst mehr vor dem Schnarren der Spanier haben, und Sie werden sich in den Alltagssituationen geläufiger zurechtfinden, vorausgesetzt, Sie besuchten in Spanien Konversationskurse und »schauten dem Volk aufs Maul«. Wissen Sie, wie Sie im Ausland Gratisunterricht erhalten? Sie begeben sich in Notlagen, natürlich nur in vorgetäuschte. Sie liegen in Port Camargue am Strand. Neben Ihnen eine französische Familie. 15 Jahre verheiratet, wie Sie schätzen. Also, die beiden langweilen sich schon etwas und nörgeln zur Abwechslung an ihren halbflüggen zwei Kindern herum. Als Weltenbummler haben Sie sich eine französische Zeitung gekauft und wollen nun mit Ihren Nachbarn in ein Gespräch kommen. Sie unterstreichen einige Wörter in Ihrer Zeitung, stehen auf und lächeln die Nachbarn an. Sich in Hockhaltung niederlassend sagen Sie, daß Sie bei Ihrer Lektüre auf einige französische Wörter gestoßen sind, die Sie nicht kennen. Zum Beispiel auf das Wort... Und nun halten Sie, wenn Sie ein Mann sind, ihm, sind Sie eine Frau, ihr die Zeitung mit besagtem Wort unter die Nase.

Lassen Sie mich eine oft erlebte Geschichte zusammenfassen: Das Ehepaar schaut sich das Wort an und beginnt dann, über dessen Sinn zu philosophieren. Vielleicht geraten sie sich sogar in die Haare, bevor Sie eine Definition erhalten. Selbstredend danken Sie ungemein charmant für jede Hilfe. Und dann wiederholen Sie dieselbe Prozedur mit noch einigen Wörtern, die Sie unterstrichen haben. Natürlich verraten Sie nicht, daß Sie in Ihrem Handgepäck ein zweipfundschweres Wörterbuch mitführen. Sie wollen ja kein Spielverderber sein.

Inzwischen wird man Sie aufgefordert haben, Platz zu nehmen. Man wird Ihre fremdsprachlichen Kenntnisse bewundert haben. Sie werden, entgegen Ihrer eigenen Ansicht, behauptet haben, daß es so weit damit auch wieder nicht her ist. Kurzum, sind die Leute nett, dann müssen Sie jetzt für die Fortsetzung Ihres Gratisunterrichts sorgen. Entweder laden Sie die zwei halbflüggen Kinder zu einem Eis ein oder die Eltern zu einem Aperitif. Seien Sie dabei ja nicht kleinlich, denn für eine Stunde mit einem womöglich schlechten Lehrer zahlen Sie auch 30 bis 40 Mark. Und oft ist er nicht einmal nett. Vielleicht sogar nur ein vielwissender Flegel. Ich habe mit dieser Methode in den USA die hilfreichsten, höflichsten Menschen kennengelernt, in Italien mich am Abend krummgelacht mit Leuten, die ich am Nachmittag um den Titel eines Liedes befragt hatte, das aus ihrem Kassettenrecorder zu mir herübergesäuselt war, in England abends in fremden Häusern gekocht bei Leuten, denen ich zuvor mit meinem platten Autoreifen fast auf die Nerven gegangen war.

Um eine Fremdsprache zu lernen, brauchen Sie nicht ins Ausland zu fahren. Sie können dies auch zu Hause tun. Sie stellen sich eine gewisse Situation vor und sprechen darüber mit einem Ausländer. Vielleicht erklären Sie ihm, wie nach Ihrer Meinung das morgige Wetter sein wird. Oder wie man von Ihrem Wohnort aus am schnellsten zum Nordpol reisen kann. Oder was Sie von Ihrer gegenwärtigen Regierung halten. Oder welche Spezialitäten Ihrer heimischen Küche ein Ausländer probieren sollte. Oder, oder. Dabei lernen Sie, sich in der Fremdsprache auszudrücken. Dabei, und so höre ich Sie sprechen, werden Sie sich den einen oder anderen Fehler angewöhnen. Glauben Sie aber ja nicht, daß Ausländer Sie immer korrigieren werden, wenn Sie einen Fehler machen. Im Gegenteil, sie werden Sie zu Ihrer Sprechweise beglückwünschen, und Sie müssen schon ein scharfer Beobachter sein, wenn Sie herausfinden wollen, wann Sie so grobe Fehler begehen, daß Ihre Gesprächspartner größere Zuckungen im Gesicht nicht mehr unterdrücken können. Wenn Sie Glück haben, wird ein *bezahlter* Lehrer Ihre Fehler korrigieren. Aber das können Sie auch zu Hause haben.

Die Belohnung

Auch wir Menschen spuren besser, wenn wir nach einer guten Leistung unser »Zuckerl« erhalten.

Dieses Bonbon kann ein Wort der Anerkennung des Lehrers sein, ein Kopfnicken, ein Zuzwinkern, ein kleines Geschenk für die erstbeste, zweitbeste, drittbeste Leistung.

Was aber, wenn ich Autodidakt bin, also allein lerne? Verabreiche ich mir für jede richtige Antwort ein Zuckerl und esse es auch noch, kann ich mir ausrechnen, bei der wievielten Lektion ich platze. Genehmige ich mir für jeden Treffer einen Schluck aus der Flasche, müßte ich schon ein besonders mieser Schüler sein, wenn meine Ebbinghaus'sche Kurve nicht noch obendrein von den Auswirkungen des Alkohols verschlechtert würde. Was also tun? Jeder lernt etwas, weil er damit ein Ziel verfolgt, zum Beispiel lernt ein Student Biochemie, um nach verschiedenen Examina Arzt zu sein. Warum setzt er sich dann von Zeit zu Zeit nicht zurück, schließt die Augen und sieht sich am Ziel seiner Wünsche, also als Arzt auf seiner Station oder in seiner Praxis? Warum ein anderer nicht als Ferienhausbesitzer in Spanien im Gespräch mit spanischen Nachbarn? Oder als Jurastudent in der Robe des Anwalts vor Gericht?

Wir wissen aus den Biographien bedeutender Menschen, daß

sie sich bereits in früherer Jugend in führenden Positionen erblickt haben. Und dieses Tagträumen verlieh ihnen eine Schubkraft durch alle Hindernisse hindurch, die sie zu ihrem Ziel führte.

Was Goethe dazu meinte: »Da mich nun überhaupt das, was man Eitelkeit nennt, niemals verletzte, und ich mir dagegen auch wieder eitel zu sein erlaubte, das heißt, dasjenige unbedenklich hervorkehrte, was mir an mir selbst Freude machte, so…« Unbedenklich dasjenige zeigen, was mir an mir selber Freude bereitet, also zum Beispiel auch, etwas Neues gelernt, mein Wissen bereichert, meine Grundlage verbreitert zu haben.

Ein Bild sagt mehr als 1000 Wörter

So lautet ein chinesisches Sprichwort.

Sie sehen, wie ein nacktes Mädchen von etwa fünf Jahren auf einer Landstraße amerikanischen Soldaten entgegenläuft. Dahinter ein Dorf in Flammen. Eine kleine, weinende, verzweifelte Vietnamesin. Vielleicht erinnern Sie sich an dieses Bild. Es ging als Anklage gegen den Krieg um die Welt. Es hing und hängt als Poster in den unterschiedlichsten Stuben.

Um das Grauenhafte einer solchen Kriegssituation zu schildern, müßte ein Dichter ganze Buchseiten füllen, und dann sähen wir die Unmenschlichkeit immer noch nicht so klar wie nach einem kurzen Blick auf dieses Bild.

Ihre Augen fallen auf das Bild eines Mannes um die 35, Baskenmütze, den Blick seitwärts auf den Betrachter gerichtet: Che Guevara. Wahrscheinlich ist er eher durch dieses Porträt zum Idol einer Generation geworden als durch die Schilderung seiner politischen Ansichten und terroristischen Aktivitäten.

Sieht der Fuchs einen Hasen, verändert dieses Bild im Nu seine Stoffwechsellage. Seine Nebennierenrinden scheiden sofort mehr Brennstoffe (Adrenalin und Noradrenalin) aus, um das Raubtier mit zusätzlicher Kraft auszustatten, damit also seine Chancen steigen, die Beute zu erjagen. Übrigens, dem Hasen ergeht es nicht anders, wenn er einen Fuchs erblickt, nur im umgekehrten Sinn. Bestimmt erinnern Sie sich noch an die wunderbare Fähigkeit unserer rechten Gehirnhälfte, im Handumdrehen in unserem Gedächtnisspeicher Bilder zu stapeln und bei Bedarf diese abzurufen. *Einer* der Tricks von Varietékünstlern besteht darin, sehr schnell Wörter mit Bildern zu assoziieren.

Es war in Hamburg. Ein junger Mann namens Günther Beyer schrieb auf eine schwarze Tafel die Zahlen 1 bis 50 untereinander und bat dann seine Zuhörer, ihm Wörter zuzurufen. Jedes dieser Wörter schrieb er hinter die nächste Zahl. Das sah etwa so aus:

1 Nordpol
2 Motorrad
3 Alstereck
4 Gemüsesuppe
usw.

Als das 50. Wort notiert war, wandte er seinen Blick von der Tafel ab und zählte die 50 Wörter in der richtigen Reihenfolge auf. Großer Applaus des vorwiegend aus Journalisten bestehenden Publikums. Tief beeindruckt patschte natürlich auch ich kräftig meine Hände zusammen, kaufte mir sein Buch »Gedächtnis- und Konzentrationstraining« und stieß so auf des Pudels Kern. Heute wende ich ebenfalls seine Technik an, die übrigens uralt ist.

Aber gehen wir systematisch vor.

Sie wollen sich folgende Wörter in der angegebenen Reihenfolge merken:

Baum
Ufer
Auto
Hund
Frau
Federwisch
Pommes frites
Pastor
Bananenschale
Gerichtsvollzieher

Ich könnte Sie nun auffordern, diese Wörter in der aufgeführten Reihenfolge auswendig zu lernen, sagen wir innerhalb von drei Minuten. Aber ich bin kein Sadist. Also sage ich Ihnen sofort, wie Sie am einfachsten die Aufgabe lösen. Verbinden Sie die einzelnen Wörter mit Hilfe von Bildern. Was würde ich mir da denken?

Ein *Baum* steht am *Ufer*, an dem ein *Auto* längsfährt. Ein *Hund* zieht eine *Frau* über die Straße, die mit einem *Federwisch* fuchtelt. Sie wirft *Pommes frites* nach mir, trifft aber einen *Pastor*, der zur Seite springt und auf einer *Bananenschale* ausrutscht und vor den Füßen des *Gerichtsvollziehers* landet. Drei idiotische Sätze, Sie haben völlig recht. Aber sie haben Methode. Überzeugen Sie sich selber, indem Sie nun diese 10 Wörter heruntersagen, *ohne* ins Buch zu schauen... Wie ging's?

Da ist ein Baum am Ufer, an dem ein Auto entlangfährt. Ein Hund ist auf der Straße, der zieht eine Frau und die wedelt mit einem Federwisch. Wütend wirft sie Pommes frites nach mir, aber die treffen einen Pastor, der zur Seite hüpft, dabei auf einer Bananenschale ausrutscht und dem Gerichtsvollzieher entgegengleitet.

Probieren Sie es nun bitte selber!

Ich bin sicher, daß Sie die Worte in der richtigen Reihenfolge aufzählen konnten.

Da Sie nun bereits auf dem Weg sind, ein Gedächtniskünstler zu werden, wollen wir sofort die nächste Stufe anschließen: Sagen Sie diese zehn Wörter rückwärts auf. Kein Problem!

Sie sehen einen *Gerichtsvollzieher*, vor dem eine *Bananenschale* liegt, auf der ein *Pastor* ausgerutscht ist, weil ihm *Pommes frites* entgegengeschleudert worden sind, als eine mit einem *Federwisch* fuchtelnde *Frau* mit ihrem *Hund* die Straße überquerte und als ein *Auto* kam, das das *Ufer* entlangfuhr, an dem ein *Baum* steht.

Und nun die gleiche Übung gleich nochmals umgekehrt vom Baum... zum Gerichtsvollzieher!

Wahrscheinlich hätten Sie es noch vor einigen wenigen Sekunden für unmöglich gehalten, zehn Wörter ohne auch nur einen einzigen Fehler in der richtigen Reihenfolge vor- und rückwärts aufzuzählen.

Vielleicht denken Sie sich jetzt, das ist schön und gut, aber warum soll ich 10 oder meinetwegen auch 20 Wörter in einer Reihenfolge herunter aufzählen? Wozu ist das gut?

Ich schulte einmal in der Schweiz alte, erfahrene Handwerksmeister, die mit ihren 45, 50 und 55 Jahren eine Prüfung in Buchführung ablegen mußten. Unter anderem hatten sie zu lernen, welche Posten in einer Bilanz vorkommen und natürlich auch, in welcher Reihenfolge. Sie hatten bereits einen ausgiebigen Kursus ihrer Standesvereinigung hinter sich, konnten sich aber immer noch nicht die Einzelposten in der vorgeschriebenen Reihenfolge merken.

Der Lernstoff ist folgender:

Kasse
Portokasse
Bank
Schreibmaterialien
Büroausrüstung
Fuhrpark
Warenlager
Hilfs- und Betriebsstoffe
Rückstellungen für Pensionen

Wann immer wieder einer dieser seriösen Herren diese neun Punkte aufzählen mußte, vergaß er entweder einen Posten oder mißachtete die Reihenfolge.

Nun aber verwandelten wir die Chose in ein Bild: Ich gehe von meiner *Kasse* an der *Post* (Porto) vorbei zur *Bank*. Neben der Bank ist ein Laden mit *Schreibmaterialien* und *Büroausrüstung*. Auf meinem weiteren Weg sehe ich einen Platz voller *Autos* (Fuhrpark), dann ein *Warenlager*, schließlich sehe ich *Benzin-* und *Ölfässer* (Hilfs- und Betriebsstoffe) und schließlich ein *Altersheim* (Pensionsrückstellungen).

Nach einigen Minuten zählten meine Handwerksmeister im Sprechchor die Aktiva ihrer Bilanz auf. Und es fügte ein Grauhaariger hinzu: »Jetzt bin ich sechs Monate lang einmal die Woche nach Züri (Zürich) gefahren und konnte es immer noch nicht. Und da kommt so ein Dütscher daher, und ich kann es in zwei Minuten.«

Diese Meister mußten ferner die verschiedenen Schutzvorrichtungen heruntersagen können, zum Beispiel Mundschutz, Knieschutz, Bauchschutz, Kopfschutz usw.

Dabei vergaßen Sie natürlich immer wieder eine dieser Schutzmaßnahmen. Die Merkfähigkeit war sofort gegeben, als wir den

Stoff in ein Bild verwandelten. Ich sagte: »Stellen Sie sich den vorschriftsmäßig ausgestatteten Handwerker von *Kopf* bis Fuß vor:

Schutzhelm, Schutzbrille, Ohrenschutz, Mundschutz, Händeschutz, Bauchschutz, Knieschutz, richtige Schuhe.«

Was hatten wir getan? Wir gingen den Körper bildlich vom Scheitel bis zur Sohle durch. Natürlich hätten wir auch mit den Sicherheitsschuhen beginnen und mit dem Sturzhelm aufhören können. Darauf kam es aber nicht an. Worauf es ankam, war es, die Bilder in einer bestimmten Reihenfolge zu sehen.

Ein anderes Beispiel: Sie studieren Volkswirtschaft und müssen sich deswegen mit den wichtigsten Ursachen von wirtschaftlichen Krisen beschäftigen. Nehmen wir an, Sie sollten folgende Stichworte lernen:

zu niedrige Löhne (Lohnentwicklung hinkt nach = lagging)
zu hohe Löhne
falsche Einkommensverteilung
ungenügende Investitionen
Überkapazität
verstopfte Absatzwege
zu hohe Umlaufgeschwindigkeit des Geldes
irrtümlicher Optimismus
irrtümlicher Pessimismus

Nun verbinden Sie diese Schlagworte zu Bildern.

Ein ausgezehrter Arbeiter schleppt sich *(lagging)* eine Straße entlang. Er trifft einen Kollegen, der gerade mit Einkaufspaketen unter dem Arm einen Luxusladen verläßt *(zu hohe Löhne)*. Sie reden miteinander über die *falsche Einkommensverteilung*. Sie kommen an einem fetten Industriellen vorbei, der auf einem Goldsack sitzt *(ungenügende Investition)*. Auf der anderen Seite der Straße sehen Sie eine Maschinenhalle, darin die Hälfte der Anlagen stillsteht *(Überkapazität)*. Daneben ein Verkehrsstau *(verstopfte Absatzwege)*, weil in der Querstraße Autos pausenlos mit zu hoher Geschwindigkeit rasen *(zu hohe Umlaufgeschwindigkeit des Geldes)*. Ein Teil der Zuschauer grinst *(irrtümlicher*

Optimismus), der andere Teil zieht die Mundwinkel nach unten *(irrtümlicher Pessimismus).*

Bestünde mein Beruf darin, Studenten Volkswirtschaftstheorien beizubringen, würde ich die letzten drei Minuten einer Vorlesung über Krisentheorien folgendermaßen gestalten. Ich würde sagen: »So – nun setzen Sie sich ganz bequem hin, lehnen sich zurück, und Sie schließen die Augen. Sie sehen vor Ihrem geistigen Auge folgende Situation…« Und nun würde ich Ihnen zweimal langsam den letzten Abschnitt vortragen: »Ein ausgezehrter Arbeiter… bis irrtümlicher Optimismus.« Und die nächste Vorlesung würde ich beginnen: »Ein ausgezehrter Arbeiter… irrtümlicher Optimismus. So – und nun machen wir weiter. Neues Kapitel…«

Die meisten Universitätslehrer sind aber erstens keine Lehrer, sondern »Wissenschaftler«, was immer das auch sein mag, und zweitens sind viele so eitel, daß sie meinen, sie müßten sich keine Mühe geben, den Studenten das Lernen leichter zu machen. Und schließlich befürchten sie, die Studenten kämen dahinter, wie wenig toll das professorale Wissen ist, wenn man es sich in einigen Vorlesungen mühelos aneignen kann.

Natürlich läßt sich auch anderes Wissen bildhaft zusammenfassen. Gerade darin besteht die Fähigkeit eines Lehrers, Fakten bildhaft zu vermitteln und nicht einen beredten Vortrag mit vielem Wissen zu halten, von dem selbst der gescheiteste Lehrer stets weniger besitzt als ein einschlägiges Lexikon.

Als Wilhelm Ostwald – so in seinen Erinnerungen – seine erste Vorlesung in Riga gehalten hatte, hörte er zufällig, wie ein polnischer Student zu einem anderen sagte: »Du mußt herren neuen Professor, da geht Chemie in Kopf wie mit Schaufel.« Ostwald war Chemiker, Physiker, Philosoph, und schließlich wurde er auch noch Nobelpreisträger: Er hatte es nicht nötig, seinen Studenten Wind zu machen. Selbst wenn er ihnen alles beigebracht hatte, was er wußte, fehlte ihnen doch noch alles, was ihn auszeichnete: Genialität.

Millionen von Arbeitsstunden gehen jedes Jahr durch Lehrbücher und Unterrichtsstunden verloren, die von ebenso dummen wie eingebildeten Unterrichtenden verbrochen werden.

Blaise Pascal, einer der ganz Großen der Mathematik, sagt: »Die besten Lehrbücher sind jene, bei denen jeder Leser glaubt, er hätte sie auch schreiben können.«

Wie erreicht dies der Lehrende?

a) durch Bilder; durch Bilder, die er miteinander verknüpft;
b) durch Auswählen: »Das Schwierigste am Sammeln ist das Wegwerfen« (Köster); Voltaire: »Das Geheimnis zu langweilen besteht darin, alles zu sagen.«
c) durch Gliedern, durch scharfe, leicht *sichtbare* Kanten;
d) durch Beispiele, also durch Bilder;
e) durch Vergleiche, also durch Bilder.

Der Mensch ist nie ein Nachttier gewesen. Der Mensch ist ein Augentier. Zeige schläfrigen Schülern einen Film, zeige ihnen Bilder, und sie wachen wieder auf. »Um sich begreiflich zu machen, muß man zum Auge reden« (Herder).

Schlußfolgerung: Wenn Ihnen ein Lernstoff nicht in Bildern angeboten wird, dann sollten Sie ihn sich zweckmäßigerweise selbst in Bilder verwandeln.

Bevor wir uns einem neuen Kapitel zuwenden, noch einige Übungen im Schnell-Lernen von Begriffen. Verbinden Sie folgende Wörter durch Bilder:

Waschmaschine
Maus
Zettel
Schnur
Soldat
Skier
Rose
Brett
Nagel
Beißzange
Schwiegermutter

Wahrscheinlich sind Sie von den Vorteilen des Lernens mit Hilfe von Bildern überzeugt. Bei Ihrer Lernarbeit werden Sie aber nicht nur Bilder verknüpfen wollen, die sehr plastisch sind wie Rose, Brett, Nagel usw., sondern auch Begriffe, die weniger leicht in Bilder verwandelt werden können.

Verknüpfen Sie nun einmal die Wörter:

Freude
Organisation
soziale Leistungen
Gewerkschaft
Freizeit
Altersversorgung

»Freude«: Was tun, damit Sie nach einiger Zeit »Freude« nicht mit dem verwandten Begriff »Heiterkeit« verwechseln? Sie müssen lernen zu differenzieren. Dabei schadet Übertreibung keineswegs. Im Gegenteil. Bei »Freude« stelle ich mir einen Menschen vor, der übers ganze Gesicht lacht, der sich die Hände reibt, der vielleicht sogar applaudiert. »Heiterkeit« ruft bei mir dagegen das Bild von einem zufrieden lächelnden Gesicht hervor, das Gesicht eines zufrieden lächelnden Alten, der in der Abendsonne auf einer Holzbank vor seinem Häuschen sitzt.

»Organisation«: ein Redner, der zu Arbeitern spricht, die gelbe Schutzhelme tragen.

»Freizeit«: Eine Familie fährt im offenen Auto, am Steuer der Vater, neben ihm strahlend seine Frau, hinten zwei quietschvergnügte Kinder.

»Altersversorgung«: Der Postbote übergibt an der Haustür einer grauhaarigen Frau einen Scheck.

Natürlich würden *Sie* ganz andere Bilder verwenden. Je plastischer, je differenzierter, je ausgefallener Ihre Bilder sind, um so besser. Wir können uns drastische Bilder viel leichter merken als alltägliche. Scheuen Sie sich deswegen nicht, bei Ihren Bildern dick aufzutragen.

Haben Sie sich nun diese Bilder zurechtgelegt, dann werden Sie diese wiederum zu einer Kette verbinden. Also:

ein vor Freude strahlender Mensch *(Freude)*
steht vor diktierendem Manager *(Organisation)*,
während auf der Straße ein Bus mit flott bekleideten Betriebsangehörigen vorbeifährt *(soziale Leistungen)*, die zu einer Versammlung unterwegs sind, bei der ein Funktionär vor Arbeitern mit gelben Schutzhelmen spricht *(Gewerkschaft)*.

Auf einer Nebenstraße ein offenes Auto mit glücklicher Familie *(Freizeit)* und an einer Haustür eine grauhaarige Frau, der ein Postbote einen Scheck überreicht *(Altersversorgung)*.

Viele Menschen wundern sich, wie es manche fertigbringen, eine Stunde lang einen Vortrag zu halten, ohne dabei auf Notizen zu schauen. Kein Grund zum Wundern! Diese Menschen beherrschen – bewußt oder unbewußt – die Kunst des Bildersehens und des Verkettens von Begriffen. Nehmen wir an, ich müßte einen Vortrag über die Gefahren von Übergewicht halten. Ich würde mir das Konzept erstellen und es mir dann mit Hilfe von Bildern einverleiben, etwa so:

Ich sehe einen menschlichen Körper vor mir und frage mich, wo Übergewicht Schaden anrichten kann:

Ich *sehe* ihn, also zuerst einmal *Aussehen*
Ein *Dicker* bewegt sich weniger: Krankheiten durch *Bewegungsmangel*
Ein Dicker gilt (fälschlich) als angenehm = süß = *Zuckerkrankheit*

Nun gehe ich in Gedanken den menschlichen Körper von Kopf bis zu den Füßen durch und halte mich bei jedem Punkt auf, wo Übergewicht Schaden verursachen kann:

Kopf: *Arterienverkalkung*
Herz: *Herzerkrankungen und Kreislaufbeschwerden*
Leber: vermehrt *Leberleiden* und *Gallensteine*
Nieren: *Gicht*
Bauch: erhöhte Gefahr *Bruchleiden*, größere *Risiken bei Operationen*
Beine: *Krampfadern, Thrombosen, Embolien, offene Beine, Hüftgelenk-/Kniearthrosen*

Füße: *Senk-/Spreiz-/Knickfuß* mit Auswirkungen auf die *Bandscheiben.*

Also keine Hexerei.

Was aber, wenn Sie sich Eigenschaftswörter merken wollen? Natürlich benützen Sie auch hier wieder Ihr assoziatives Gedächtnis.

Sie wollen Napoleon I. schildern als

großen General von *kleiner* Gestalt,
schnell, aber *genau* in der Planung,
phantasievoll, hart, ungemütlich,
ehrgeizig und *rücksichtslos*

Welche Bilder fallen mir dazu ein?

Ein reichdekorierter *(großer)* General von *kleinem* Wuchs auf *schnellem* Pferd beobachtet *genau* das Schlachtfeld, blickt entzückt zum Himmel *(phantasievolle* Eingebungen), peitscht *hart* sein Pferd, pfeift Untergebene an *(ungemütlich),* jagt sein Pferd über eine hohe Mauer *(ehrgeizig),* wobei es sich dann ein Bein bricht *(rücksichtslos).*

Lesen Sie jetzt bitte diesen Satz noch einmal und sagen Sie sich ihn vor, ohne ins Buch zu schauen.

Was ist geschehen? Vielleicht haben Sie nicht sofort alle neun Eigenschaftswörter getroffen, aber ich darf aus Erfahrung annehmen, daß Sie mehr Treffer erzielt haben, als wenn ich Sie vor einigen Minuten gebeten hätte, mir die Eigenschaftswörter in der richtigen Reihenfolge aufzuzählen: groß, klein, schnell, genau, phantasievoll, hart, ungemütlich, ehrgeizig, rücksichtslos.

Ein kleiner Tip: Sie sollten sich Assoziationen nicht bloß denken, Sie müssen sie *sehen,* am besten mit geschlossenen Augen.

Vielleicht denken Sie sich: »Dieses Bildersuchen ist aber eine mühselige Angelegenheit.« Sie haben recht, aber nur am Anfang. Warum? Weil Ihr assoziatives Gedächtnis wahrscheinlich noch nie trainiert wurde. Da muß es Ihnen dann so ergehen, wie es allen ergeht, die Stenographie erlernen. Ging es da in den ersten Stunden nicht auch viel schneller mit der Lang- als mit der Kurzschrift? Und trotzdem möchte niemand, der gut stenographieren kann, darauf mehr verzichten.

Im folgenden lernen Sie eine neue Technik, bei der Sie wiederum die Leistungsfähigkeit assoziativen Denkens bewundern können. Stellen Sie sich vor, Sie wollen immer gleich mehrere Wörter zusammen auswendig lernen. Zum Beispiel:

Garten	–	Decke
Vorhang	–	Sonne
Hund	–	Hausdach
Lampe	–	Suppentopf
Lehrer	–	Kaufmann
Auto	–	Feder
Fußball	–	Eis
Redner	–	Rindvieh

Auch dieses Mal assoziieren Sie das Wortpaar mit einem möglichst plastischen Bild:

Im Garten liegt eine Decke.
Der Vorhang hält die Sonne draußen.
Ein Hund liegt auf dem Hausdach.
Eine Lampe scheint aus dem Suppentopf.
Der Lehrer ohrfeigt den Kaufmann.
Ein Auto wird mit einer Feder entstaubt.
Der Fußball schlittert übers Eis.
Der Redner hat einen Ochsenkopf.

Schließen Sie jetzt bitte sofort einen Test an: Sie halten jeweils das zweite Wort zu und denken an das assoziative Bild. Dann muß Ihnen mit größter Wahrscheinlichkeit bei dem Wort »Garten« das Wort »Decke« einfallen.

Haben Sie diesen Test gelöst, verfahren Sie umgekehrt, das heißt, Sie decken nun das zweite Wort zu und erinnern sich dann des ersten.

Fein, nicht wahr?

Natürlich können Sie auch Tätigkeitswörter miteinander verbinden oder Tätigkeits- und Umstandswörter oder Hauptwörter mit Tätigkeits- oder Umstandswörtern.

Ein Arthritiker ist ein Mensch mit verbrauchten Gelenken, die steif geworden sind, gelegentlich bei Bewegungen knirschen und oft genug schmerzen. Nun stellen Sie sich bitte vor, daß ein Arthritiker lacht und Gymnastik macht. Jetzt drückt er aus der Tube »Antrosin« einen 1 Zentimeter langen Salbenstrang, riecht genußvoll daran, verteilt ihn auf einer roten, aber glatten Haut, bestrahlt sich unter einer Wärmelampe und legt dann einen Verband an.

Nochmals – und stellen Sie sich bitte diesen Arthritiker ganz genau vor, er lacht und macht Gymnastik. Nun drückt er aus der Tube »Antrosin« einen 1 Zentimeter langen Salbenstrang, riecht genußvoll daran, verteilt ihn auf einer roten, aber glatten Haut, bestrahlt sich unter einer Wärmelampe und legt dann einen Verband an.

Und damit besitzen Sie alle Verkaufsargumente für das Präparat Antrosin. Ich habe lange genug Ärztebesucher ausgebildet, um zu wissen, wie schwer es ist, Menschen dazu zu bringen, einige Sachverhalte in einer bestimmten Reihenfolge vorzutragen und nichts auszulassen, nichts zu verwechseln. Aber spätestens jetzt wissen Sie, wie leicht es ist, zwei Sätzchen über einen Kranken zu sagen. (Wollen Sie diese zwei Sätzchen nicht noch mal herunterbeten, sozusagen zur Übung?)

Die Auszubildenden beherrschen diese beiden Sätze. Jetzt erklärt sie der Verkaufsleiter, der seine Mitarbeiter für Antrosin schult. Er sagt:

- Ein Arthritiker lacht, also *nimmt Antrosin den Schmerz,*
- er macht Gymnastik, also *macht Antrosin die Gelenke beweglich,*
- er verbraucht 1 Zentimeter Salbenstrang, also *ist Antrosin sparsam,*
- er riecht genußvoll an der Salbe, also *riecht Antrosin angenehm,*
- er hat gerötete, aber glatte Haut, also *fördert Antrosin die Durchblutung, ohne die Haut zu reizen,*

– er läßt sich unter einer Wärmelampe bestrahlen, also *erhöht Antrosin die Wirkung von Bestrahlungen,*
– er legt einen Verband an, also *erlaubt Antrosin auch Salbenverbände.*

Und genau das soll der Außendienstmitarbeiter dem Arzt demnächst erzählen, wenn er ihm die Vorteile von Antrosin vorstellt.

Sie dürfen mir glauben, daß Sie mit Hilfe dieser Assoziativmethode schnell lernen, und nicht nur meine Ärztebesucher lernten viel, viel schneller auswendig.

Ein weiteres Beispiel aus der Praxis:

Berichten wir Deutschsprachigen etwas Vergangenes, können wir sagen: »Ich *habe* getragen, ich *habe* gesehen, ich *bin* gegangen, ich *habe* gesagt, ich *bin* gesprungen...«

Wir bilden also die Vergangenheitsform einmal mit dem Hilfszeitwort »haben« und einmal mit dem Hilfszeitwort »sein«. Das macht auch der Franzose. Wörtlich übersetzt, sagt er: »Ich habe gesprungen und habe gelaufen.« Nur bei folgenden Tätigkeitswörtern sagt er: »Ich bin...«

hinaufgehen, hinaufsteigen
ausgehen
fortgehen
gehen
abreisen
fallen, hinfallen
bleiben
umdrehen, sich wenden, zurückkehren
ankommen
kommen
wiederkommen
heimkommen

Es dauert Stunden und Wochen, bis sich Französisch lernende Kinder und Erwachsene (bei Erwachsenen oft noch länger!) diese Tätigkeitswörter merken können. Mit der Methode des Bildersehens bringe ich Ihnen diese Tätigkeitswörter aber in

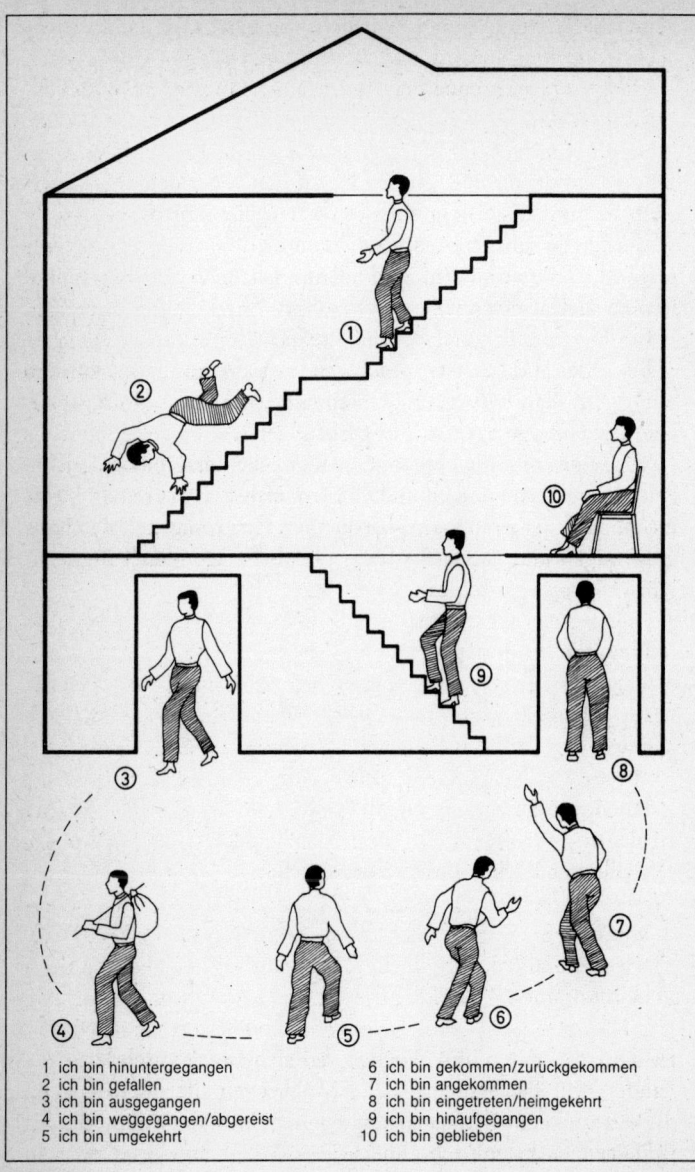

1 ich bin hinuntergegangen
2 ich bin gefallen
3 ich bin ausgegangen
4 ich bin weggegangen/abgereist
5 ich bin umgekehrt

6 ich bin gekommen/zurückgekommen
7 ich bin angekommen
8 ich bin eingetreten/heimgekehrt
9 ich bin hinaufgegangen
10 ich bin geblieben

zwei bis drei Minuten bei, und Sie werden sie lange nicht vergessen.

Ganz einfach: nehmen Sie in Gedanken an folgendem nebenstehenden Ausflug teil.

Übrigens, anderenorts sagte ich Ihnen schon einmal, daß ein gutes Gedächtnis nicht jenes ist, das sich alles merken kann, ein gutes Gedächtnis ist ein organisiertes Gedächtnis, welches das jeweils Erforderliche produziert. Stellen Sie sich bitte folgende Lage vor: Sie kommen mit fünf Freunden in ein Restaurant und nehmen Platz. Der Kellner bringt die Speisekarte. Ihre fünf Freunde und Sie wählen. Dann kommt der Kellner wieder. Sie nehmen das und das, aber den Salat bitte nicht mit Essig, sondern nur mit Zitrone. Ihre Nachbarin zur Rechten nimmt Menü 2, aber statt der Pommes frites will sie Petersilienkartoffeln und als Nachspeise nicht Fruchteis, sondern pêche à la Helène. Und so geht das weiter. Der Kellner kritzelt kurz etwas auf seinen Block und nickt bei jedem Extrawunsch freundlich mit dem Kopf, als wollte er sagen: »Kein Problem bei einem Haus unseres Standards.«

Angemessene Zeit später erhält dann jeder Gast, was er bestellt hat.

Sicherlich kennen Sie aber auch folgende Lage: Ein Kellner nähert sich strahlenden Blicks mit einem Tablett, darauf ein Fisch liegt, der die Tafelrunde traurig mit graublauem Auge anblickt. Je intensiver dieser Spediteur zwischen Küche und Gast die Lachsforelle den Kunden unter die Nase hält, um so energischer schütteln sie den Kopf, um dann im Chor zu sagen: »Von uns hat niemand einen Fisch bestellt.« Nun deutet auch der Kellner ein leichtes Wackeln seines Hauptes an und geht mit seinem Wassertier zu einem anderen Tisch. Dies wiederholt sich einige Male, bis alle in seinem Rayon wenigstens schon einmal mit dem Kopf geschüttelt haben. Schließlich wackelt er auch noch mit dem Kopf und schiebt voller Ingrimm über seinen Beruf in jene Richtung ab, aus der er das Tier anjongliert hatte.

Ich bewunderte so lange die Kellner mit dem exakten Gedächtnis, bis ich einen genau beobachten konnte. Was tat er? Ich zeige es Ihnen am besten gleich im Bild.

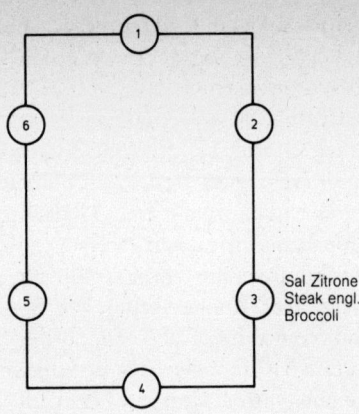

Sal Zitrone
Steak engl.
Broccoli

Wie oben gezeigt, hatte er sich unseren Tisch und die Sitzordnung aufgemalt. Gast Nummer 3 hatte sich als erster zum Bestellen entschlossen. Und neben seinen Namen vermerkte er sich alle Wünsche und Nebenwünsche. So ging das weiter. Kein Wunder, daß er dann nicht fragen mußte, wer nun den Kalbskopf oder die Schweinsfüße bekam.

Was er natürlich bekam, war ein gutes Trinkgeld für perfekten Service.

Altbekannt ist der Trick, sich als Teilnehmer einer Diskussionsrunde oder als Moderator einen kleinen Plan der Sitzordnung anzulegen und ihn je nach Bedarf zu ergänzen. Oft beginnt

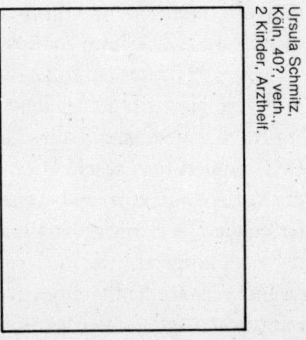

Ursula Schmitz,
Köln, 40?, verh.,
2 Kinder, Arzthelf.

eine Diskussion oder eine Tagung damit, daß sich die Teilnehmer selbst vorstellen oder vorgestellt werden. Dann können Sie sich unauffällig Notizen machen.

Aber wieder zurück zum Memorieren von Texten.

Was können Sie unternehmen, wenn Sie sich eine Erzählung merken wollen? Etwa weil Sie eine Nacherzählung schreiben oder eine Erzählung in einer Fremdsprache möglichst genau wiedergeben wollen.

Hat der Fremdsprachenschüler die Anfangsgründe einer Sprache erlernt, tut er gut daran, sich im Nacherzählen von Witzen, Anekdoten, Berichten usw. zu üben. Trägt er sie mit seinem bisherigen Wortschatz vor, erweitert er ihn natürlich nicht. Strebt er dagegen einen großen Zuwachs an neuen Wörtern und Redewendungen an, wird er diese aus dem fremdsprachlichen Original übernehmen.

Mit dieser Methode lernte der Kaufmann und Archäologe Heinrich Schliemann mehr als ein Dutzend Sprachen. Der zum Kaufmann bestimmte Heinrich las in seiner Freizeit den Roman Manon Lescaut des Abbé Prévost. Er las ihn so oft, bis er ihn schließlich auswendig konnte. Als Schliemann dann anfing, Fremdsprachen zu lernen, zum Beispiel Russisch oder Türkisch, besorgte er sich Manon Lescaut in dieser Sprache und eignete sich so sehr viel schneller neue Idiome an.

Jeder Fremdsprachenlehrer wird Ihnen mit seinen Worten den Satz eines Römers interpretieren: Lectorem unius libri timeo = den Leser eines einzigen Buches fürchte ich. Was heißt das? Wer *ein* Buch, ein entscheidendes Buch immer wieder studiert, statt sich mit mehreren zu beschäftigen und dann keines in allen Einzelheiten durchgearbeitet zu haben, ist in dem darin abgehandelten Thema fast unschlagbar. Lernen Sie zum Beispiel Spanisch, dann lesen Sie ein Kapitel, unterstreichen sich die Wörter und Redewendungen, die Ihnen neu oder noch nicht geläufig sind, und erzählen sich dann dieses Kapitel. Bevor Sie ein neues Kapitel in Angriff nehmen, gehen Sie alle Wörter und Redewendungen, die Sie in den früheren Kapiteln unterstrichen haben, nochmals durch. Oder zeitsparender: Sie sprechen die unterstrichenen Wörter und Redewendungen auf eine Kassette und hören sich diese Kassette beim Autofahren, im Bus, bei einem Spaziergang, beim Kochen oder bei anderer Hausarbeit an.*

Stellen Sie sich bitte vor, Sie wollen folgende Geschichte möglichst genau wiedergeben. Aber lesen Sie sie zunächst einmal. Sie ist dem Band »Jokes and Stories« (Humbold Taschenbücher 94) entnommen.

Letztes Angebot

Ein Mann aus Brooklyn besaß einen Brillanten. Er wollte ihn einem Mann auf Long Island verkaufen. »Lieber Geschäftsfreund«, schrieb er, »der Stein ist gut 30 000 Dollar wert, trotzdem bin ich bereit, ihn Dir gegen bare zwanzigtausend abzugeben. Nur eine Bedingung: kein Feilschen. Prüfe den Stein. Wenn Du ihn für diesen Preis haben willst, behalte ihn. Sonst schicke ihn mir sofort zurück.«

Der Mann auf Long Island war mit dem Stein mehr als zufrieden, und der Preis war gerecht. Trotzdem – warum sollte er nicht versuchen, ihn billiger zu bekommen? Und so schrieb er zurück: »Lieber Geschäftsfreund! Ich bin bereit, neunzehntausend zu zahlen, mehr ist der Stein nicht wert. Erwarte Deine baldige Nachricht. Dein…«

Die Nachricht kam: Sie war kurz und knapp: »Stein postwendend zurücksenden!«

Da setzte sich der Mann auf Long Island hin, verpackte den Stein in ein Päckchen, versiegelte und versicherte es. Bevor er es jedoch nach Brooklyn abschickte, schrieb er noch einen Eilbrief. »Lieber Geschäftsfreund! Morgen sende ich Dir den Stein zurück. Ich kann beim besten Willen nicht mehr als neunzehntausend zahlen. Dies ist Deine letzte Chance und mein letztes Wort: neunzehntausend Dollar. Ich überlasse Dir die Entscheidung, ob

---

* Nicht dringend genug kann ich Ihnen empfehlen, bei Ihrer Fremdsprachenlektüre auf die Hefte »Easy Reader« des Klett-Verlages Stuttgart zurückzugreifen. Es gibt sie in engl., franz., span. und ital. Mit diesen Heften ist den Philologen ein Schlager geglückt: Sie nahmen Erzählungen berühmter Schriftsteller und ersetzten ausgefallene, wenig wichtige Wörter durch geläufigere. So wird in den Ausgaben A eine Geschichte mit etwa 600 Wörtern erzählt. In den Ausgaben B mit 1200 Wörtern, in C mit 1800, in D mit 2400. Und mit 2400 wichtigen Wörtern kommen Sie bereits sehr weit. Das sind etwa 90% des Alltagswortschatzes bei Gesprächen, Nachrichten, Fernsehprogrammen usw.

Du mir zu diesem Preis den Stein verkaufen willst oder nicht. Solltest Du Deinen Sinn ändern und ihn mir für neunzehntausend Dollar überlassen, verweigere die Annahme des Päckchens und laß es an mich zurückgehen. Wenn nicht, behalte es.«

Der Mann aus Brooklyn war nicht willens, nachzugeben. Er nahm das Päckchen an, löste Siegel und Schnur und wickelte zahllose Papierstückchen auseinander. Der Stein war nicht vorhanden, statt dessen kam jedoch ein kleiner Zettel zum Vorschein. Darauf stand geschrieben: »Also gut – ich nehme ihn für zwanzigtausend Dollar!«

Nun übersetzen Sie diese Geschichte in Bilder. Am besten, Sie machen mental das Drehbuch für einen Film daraus. Daß der eine Mann in Brooklyn sitzt und der andere auf Long Island, ist nicht wichtig, man könnte genausogut Köln und Hamburg dafür einsetzen. Wichtig dagegen ist, daß Sie sehen, wie und was der Brooklyner schreibt: Brillantring verkaufen, 30 000 Dollar wert, trotzdem nur 20 000 bar unter der *einen* Bedingung: kein Feilschen. Wenn einverstanden, behalte ihn, ansonsten sofort zurück…

Long Islander mehr als zufrieden. Warum nicht 19 000? Erwarte baldige Nachricht.

Nachricht: Stein sofort zurück.

Long Islander verpackt Ring und versichert Paket.

Schreibt Brief: Morgen sende ich Ring. Deine letzte Chance: 19 000. Verweigere dann Annahme. Wenn nicht, behalte Päckchen.

Brooklyner öffnet Päckchen: Nichts als Papierstücke. Kein Stein. Zettel: »Also gut – ich nehme ihn für 20 000.«

(Sollten Sie an der Methode des Bildersehens für das Erlernen von Fremdsprachen nicht interessiert sein, überspringen Sie am besten die folgenden Seiten, bis S. 83)

Sie kennen nun den deutschen Text und wollen damit Ihre fremdsprachliche Geläufigkeit steigern. Sie lesen jetzt den in diesem Fall englischen Text durch und erzählen sich anschließend die Geschichte auf englisch.

The Last Offer

A man from Brooklyn owned a diamond. He wished to sell it to a man from Long Island. »Dear Business Friend«, he wrote. »The stone is worth a good $30,000.00, but I am willing to part with it on the understanding that you pay me $20,000.00 cash for it. There is only one condition: no bartering. Examine the stone. If you like it for this price, keep it. Otherwise send it back immediately.«

The man from Long Island was more than pleased with the stone, and the price was fair. Nevertheless – why not try to get it cheaper? So he wrote back, »Dear Business Friend, I am ready to pay $19,000.00, as the stone is not worth more. Expecting your quick reply, yours...«

The news arrived. It was short and to the point. »Send the stone by return of post!«

The man from Long Island sat down, parcelled the stone up, sealed it, had it insured. Before he sent it back to Brooklyn he, however, wrote an express letter. »Dear Business Friend, tomorrow I shall send the stone back. With the best will in the world I can't pay more than $19,000.00. This is your last chance and my last word. $19,000.00. I'll leave it up to you to decide, if you want to sell the stone for that price or not. Should you change your mind und let me have it for $19,000.00, refuse to accept the parcel und have it returned to me. If not, keep it.«

The man from Brooklyn was not willing to give in. He accepted the parcel, broke the seal and the string and unwrapped countless pieces of paper. The stone was not there, but instead of it there appeared a little note on which stood, »Well then, I shall keep it for $20,000.00!«

Sie können aber, wenn Sie keine gegenüberstehenden Texte haben, gleich den fremdsprachlichen Text zum Memorieren des Handlungsverlaufs verwenden. Diese Methode besitzt den Vorteil, daß Sie erst gar nicht das Medium der Muttersprache ins Spiel bringen, was das »Denken in der Fremdsprache« verzögert. Andererseits erweitern und präzisieren Sie Ihren Wortschatz mehr, wenn Sie die beiden Texte gegenübergestellt sehen. Neh-

men Sie die letzte Zeile des englischen Textes: Sie finden dort
»Well then...« Ohne jegliches Problem wissen Sie, was diese
zwei Wörtchen in diesem Zusammenhang heißen. Wie aber,
wollten Sie »also gut« auf englisch sagen?

Fortsetzung von S. 81
Geht durch einen Bericht ein roter Faden, wie dies zum Beispiel
bei einer Erzählung der Fall ist, fällt es leichter, sich mit Bildersehen und Bilderketten den Inhalt einzuverleiben. Aber mit etwas
Übung wird Ihnen dies auch bei einem Material gelingen, welches handlungsarm oder handlungsfrei ist. Ein Beispiel:

Epikureische Ethik

Der Epikureismus entstand aus dem Streben, der Kulturentar-
tung dadurch zu entgehen, daß sich das Individuum von allen
Banden des sozialen Zusammenhanges loslöst und sich auf sich
selbst stellt. Gleichgültig gegen familiäre, gesellschaftliche und
staatliche Pflichten führt der Epikureer ein Leben in stiller Zu-
rückgezogenheit. Er strebt nach Ausbildung einer bestimmten
Gemütsrichtung durch maßvollen andauernden Lustzustand
und einen maßvollen Genuß der Güter ohne üble Folgen oder
Schmerzen. Ungetrübter Genuß der Güter schließt Vermeiden
der Unlust in sich, vor allem jener Unlust, die aus Vorurteilen,
Furcht vor Naturmächten und vor Göttern hervorgeht. Daher
strebt der Epikureer nach der Erkenntnis über die Zusammenhänge der Dinge und über das Wesen der Götter.

Letztes Ziel ist äußere und innere Ruhe oder »Unverworren-
heit« (ataraxia). Der Vernunft fällt die Aufgabe zu, die Genüsse
zu prüfen und auszuwählen und ihre Folgen abzuschätzen. Ferner soll sie die Quellen der Unlust beseitigen. Am höchsten
schätzt der Epikureer rein geistige Lust, die in der Pflege freund-
schaftlicher Beziehungen ihren Ausdruck findet.

Wollen Sie sich diesen Text eines Philosophieprofessors genau
merken, verwandeln Sie ihn in Bilder.

Lösen von Kulturentartung	Menschenauflauf
Lösen von familiären, ge-	Epikureer geht weg von El-

sellschaftlichen, politischen Bindungen	tern, Bekannten, Soldaten, Meute
maßvoller Lustzustand maßvoller Genuß der Güter ohne üble Folgen	er geht in ein Gärtchen mit hohen Mauern, ißt Käse, Brot, trinkt mäßig Wein, liegt auf Strohmatten
Vorurteile Furcht vor Naturkräften Furcht vor Göttern	als es blitzt und donnert, zuckt er verächtlich mit den Schultern, er sieht, wie sich Götter im Himmel streiten;
ataraxia	er bleibt innerlich und äußerlich ganz ruhig (ataraxia);
Quellen der Unlust beseitigen	sucht sich vor Regen ein neues Plätzchen und beseitigt dürres Holz von seinem Lagerplatz;
freundschaftliche Beziehungen	Freunde kommen, liebevollst begrüßt

Den akustischen Kanal anzapfen

Eines der ersten Gedichte, die wir als Kinder lernten und die wir unseren Kindern beibringen, ist

> Hoppe, hoppe Reiter,
> Wenn er fällt, dann schreit er.
> Fällt er in den Graben,
> Fressen ihn die Raben.
> Fällt er in den Sumpf,
> Dann macht der Reiter – plumps.

Wahrscheinlich versteht das zweijährige Kind noch nicht die Konjunktion »wenn«, weiß noch nicht, was »Reiter«, »Raben« oder »Graben« darstellen und hat auch kein Verständnis für »Sumpf«. Wie leuchten aber seine Augen, errät es den jeweiligen Reim. Am Anfang kann es sowieso nur das Reimwort wiedergeben: Als erstes lernt es also den Reim. Reim und Rhythmus – so Literaturforscher – seien von Rhapsoden erfunden worden, damit sie sich besser ihre elendlangen Heldenlieder merken konnten. Schließlich lernten sie Rhapsodien, Tausende von Zeilen der Ilias, der Odyssee nicht aus Büchern oder von Papierrollen, sondern nach dem Gehör. Von dieser Erkenntnis profitieren wir noch heute, greifen wir bei Wissensvermittlung auf den Reim zurück.

> Drei, drei, drei
> bei Issus Keilerei.

oder

> Dreißig Tage haben September,
> April, Juni und November.

oder

> Karl der Kühne verlor
> bei Grandson das Gut,

bei Murten den Mut,
bei Nancy das Blut.

Noch heute weiß ich, was »einmal«, »zweimal«, »dreimal«, »viermal« auf lateinisch heißt: semel, bis, ter, quater.

Warum? Unser Lateinischlehrer – seinen Namen habe ich vergessen – hatte uns das einzige Mal, da er gut aufgelegt war, gesagt: »In die Semmel biß der Kater.«

In meinen suggestopädischen Fremdsprachenseminaren (Superlearning) wird fleißig gesungen. Erstens, weil beim Singen selbst Fremdsprachenmuffel die Zähne auseinanderbringen und zweitens, weil der Reim eine Signalfunktion besitzt, die auf das nächste Zeilenende hinweist.

Stellen Sie sich vor, Sie singen den Elvis-Presley-Hit »Love me tender«:

> Love me tender,
> Love me sweet.
> Never let me go.
> You have made my life...? Was kommt?
> »complete«
> And I love you...? Was kommt? »so«

> Love me tender, love me dear,
> Tell me you are mine.
> I'll be yours through all the... (years)
> Till the end of... (time).

Im Spanischen
> ...en el café
> ...la punte del... (pie).

In Französisch:
> ...est de retours
> ...m'a donné le jour.

Selbst die etwas komplizierteren Formen von Verben romanischer Sprachen lernen meine Kursteilnehmer spielerisch mit einigen Liedchen. Sicherlich kennen auch Sie den Babysong:

> Summm, summ, summ
> Bienchen summ herum.

Den singen wir zunächst einmal auf deutsch. Dann wechseln wir den Text:

> e, as, a
> die Zukunft, die ist da.
> emos, eis und auch an,
> die hängen wir ans Ganze dran,
> e, as, a
> mehr ist gar nicht da.

Und damit haben Sie die Endungen des Futur für alle spanischen Tätigkeitswörter.

Weiter im Text (ebenfalls auf die Melodie: »Summ, summ, summ«)

> aba – abas – aba
> immer so'n Palaver...

Und das sind die Endungen des Imperfekt im Spanischen.

Den optischen Kanal anzapfen

Dem Lehrenden und dem Lernenden bietet die Grafik eine Anzahl von Hilfsmitteln, die Tatbestände in Bildern umzusetzen. Solche grafischen Hilfsmittel, etwa am Buchrand, in einem Manuskript oder auf der Tafel angebracht, erhellen die Zusammenhänge und erleichtern das Memorieren.

Farbkontraste
Sie können verschiedenfarbige Stifte zum Unterstreichen nehmen, zum Beispiel rot = sehr wichtig, schwarz = wichtig, grün = weniger wichtig.

Sie können Schlüsselwörter verwenden, so zum Beispiel Epikureismus ganz farbig umrahmen oder schraffieren.

Symbole

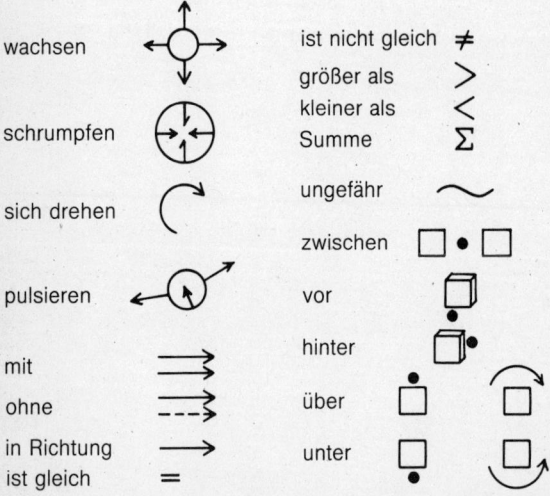

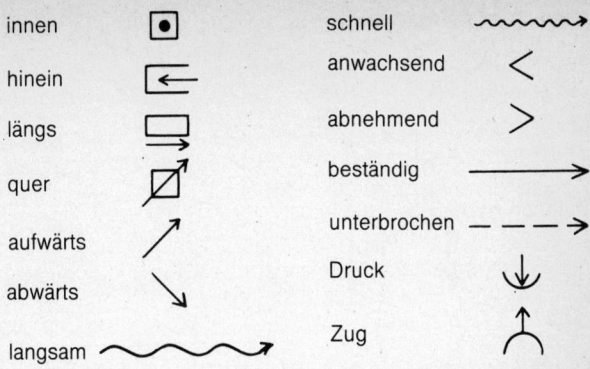

innen	⊡	schnell	∼∼∼→
hinein	←|	anwachsend	<
längs	⊐→	abnehmend	>
quer	⊘	beständig	——→
aufwärts	↗	unterbrochen	– – –→
abwärts	↘	Druck	⩔
langsam	∿∿→	Zug	⩓

Präsentationstechniken

Schwarze
Weiße
Mulatten

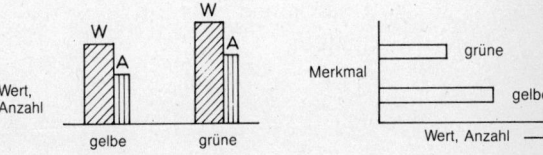

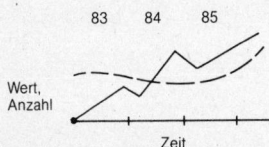

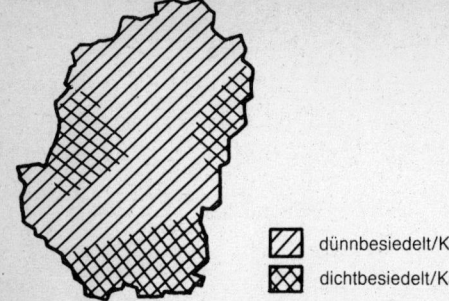

dünnbesiedelt/Kaufkraft/Ausländerdichte etc.

dichtbesiedelt/Kaufkraft/Ausländerdichte etc.

Selbstversorgung mit a, b, c

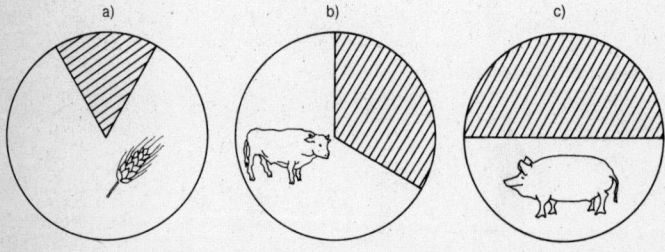

a) b) c)

Übrigens, geografische Atlanten sind Fundgruben für grafische,
also bildnerische Darstellungen.

Wie aus Zahlen Bilder werden

Was antworten Sie, wenn jemand behauptet, er kenne eine Technik, mit der Sie in etwa neun bis zehn Minuten 80 Wörter in der richtigen Reihenfolge aufsagen können? Wahrscheinlich das gleiche wie ich, als ich diese Methode noch nicht kannte: »Unmöglich.«

Den ersten Teil der Methode kennen und beherrschen Sie bereits. Sie wollen sich zum Beispiel vier Wörter merken:

Vater – faul – Rasenmäher – Bier

Wie vorgehen? Sie bilden einen Satz, den Sie möglichst deutlich sehen: »Vater ist faul, sitzt auf dem Rasenmäher und trinkt Bier.«

Wie können Sie sich aber nun 16 solcher Sätze in der richtigen Reihenfolge merken? Ganz einfach. Wir verwandeln Zahlen ebenfalls in Bilder, ein uralter Trick der Gedächtniskünstler.* Das Schriftbild der meisten Zahlen drängt uns direkt Bilder auf.

Bei der Null (0) denke ich an den Mond.
Bei der 1 an einen Pfahl.
Bei der 2 an einen Schwan.
Bei der 3 an ein dreiblättriges Kleeblatt.
Bei der 4 an einen Hocker mit vier Füßen.
Bei der 5 an die fünf Finger meiner Hand.
Bei der 6 an eine Schlange.
Bei der 7 an eine Fahne.
Bei der 8 an die Achterbahn.
Bei der 9 an einen Aschenbecher auf einem Ständer.
Bei der 10 an einen Stab mit Mond.
Bei der 11 an eine Leiter.

---

* Im 17. Jahrhundert hat Henry Herdson die von Cicero und Quintilian übermittelte Technik auf eine heute noch angewandte Methode gebracht. Er sprach von »Widerhakenwörtern«.

Bei der 12 an Mittagessen.
Bei der 13 an einen Eimer voller Pech.
Bei der 14 an einen Mann auf einem Hocker.
Bei der 15 an Bundesstraße 15.
Bei der 16 an einen an eine Wand gelehnten Sack.
Bei der 17 an den Sensenmann.
Bei der 18 an eine Sanduhr auf einem Pfahl.
Bei der 19 an einen Dompteur mit einem Elefanten, der Männchen macht.

In Bildern ausgedrückt sieht das dann ungefähr so aus, wie auf S. 93 dargestellt ist.

Am besten lernen Sie nun zuerst diese Zahlensymbolik, was bestimmt keine Staatsaffaire darstellen wird.

Wenn Sie damit fertig sind, dann lösen Sie folgende Aufgabe, die Ihnen zunächst kolossal erscheinen wird, die sich aber als kinderleicht erweist. Wirklich, Kindern machen solche Aufgaben Heidenspaß, und sie übertreffen oft die kompliziert denkenden Erwachsenen an Lerngeschwindigkeit.

Die ersten vier Wörter:

Vater – faul – Rasenmäher – Bier
Mond schaut auf Vater, der faul auf Rasenmäher sitzt und Bier trinkt.

Jäger – Eidechse – hurtig – Steinmauer
Am Pfahl lehnt Jäger, zielt auf Eidechse, die hurtig Steinmauer hinaufflüchtet.

Sie haben verstanden: Sie verwandeln die vier Wörter in ein Bild, das Sie mit der Zahlensymbolik einleiten, also mit Mond, Pfahl, Schwan usw.

Und hier sind die 80 Wörter, die Sie sich nun in wenigen Minuten merken werden:

(Mond) Vater – faul – Rasenmäher – Bier
(Pfahl) Jäger – Eidechse – hurtig – Steinmauer
(Schwan) hell – Himmel – Sternschnuppe – Wunsch
(Kleeblatt) Tür – offen – Duft – Flieder
(Hocker) Löwe – schauen – Dachfirst – Regen
(Hand) Josef – Englisch – Gilly – Terrasse
(Schlange) Baumstumpf – quer – Straße – Arzt
(Fahne) Vitamine – vor allem C-Vitamine – Krebs – Angst
(Achterbahn) Gitarre – Trommel – Loch – Clown
(Aschenbecher) Riese – Sofa – Kaffee – Affe
(Stab mit Mond) Wind – Wolken – Stadt – Nacht
(Leiter) Maria – Kuhstall – Fritz – Junglehrer
(Mittagessen) Generaldirektor – diktieren – Telex – Streß
(Pech) Regal – Lebensmittel – welk – billig
(Mann auf Hocker) Bardame – Whisky – Cowboy – Gelbsucht
(Bundesstraße) Doktor – Frau – Spritze – Krankenschein
(Sack an Wand) Soldat – Tante – Morgenröte – Plakat
(Sensenmann) schreien – schweigen – singen – essen
(Sanduhr) schnell – Auto – Kurve – verletzt
(Dompteur) Lampe – Eimer – dampfen – Gardine

Wenn Sie diese Übung beendet haben – und erfolgreich beendet haben, von einigen kleinen Fehlern abgesehen – werden Sie sich erneut über die ungeheure Leistungsfähigkeit Ihrer rechten Gehirnhälfte wundern.

Ihr Gehirn ist aber noch zu anderen Leistungen fähig.

Sich in einer Stadt zu orientieren oder seinen Weg zu erfragen, zählt mit zu den wichtigen Aufgaben des Fremdsprachenunterrichts für Anfänger.

Betrachten Sie nun den kleinen Stadtplan auf S. 95 und gehen Sie in Gedanken den Weg vom Bahnhof (linke, obere Ecke) zur Post (linke untere Ecke). In meinen Fremdsprachenseminaren füllen wir die Lücken aus, lernen also das, was mir ein Einheimischer sagen würde, fragte ich ihn am Bahnhof nach dem Weg zur Post. Sind wir an der Post angelangt, gehen wir zum Bahnhof zurück – fremdsprachlich sozusagen. Nach wenigen Minuten ler-

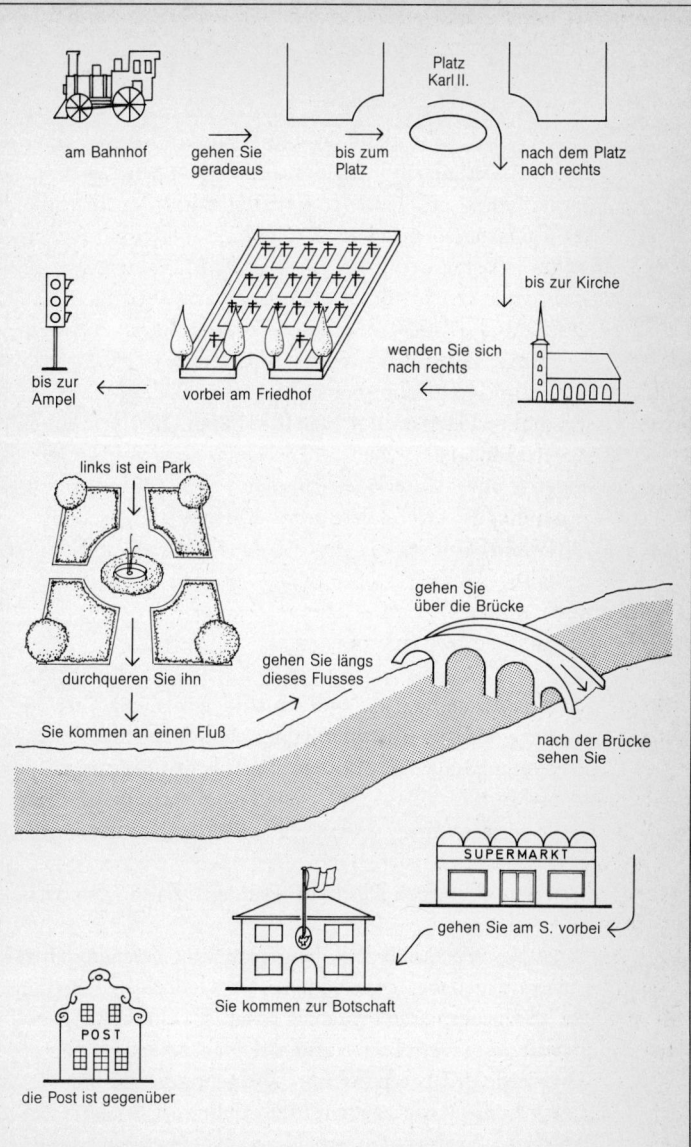

am Bahnhof

gehen Sie geradeaus

bis zum Platz

Platz Karl II.

nach dem Platz nach rechts

bis zur Kirche

wenden Sie sich nach rechts

bis zur Ampel

vorbei am Friedhof

links ist ein Park

durchqueren Sie ihn

Sie kommen an einen Fluß

gehen Sie längs dieses Flusses

gehen Sie über die Brücke

nach der Brücke sehen Sie

SUPERMARKT

gehen Sie am S. vorbei

Sie kommen zur Botschaft

POST

die Post ist gegenüber

nen so die Teilnehmer, sich und andere in einer Stadt zu orientieren.

Nehmen wir an, Sie seien Spion oder ganz einfach ein Mensch, der es satt hat, sich alles notieren zu müssen, um nicht die Hälfte zu vergessen. Übrigens, das Gedächtnis funktioniert wie ein Muskel, je mehr Sie es schonen, um so schlaffer wird es.

Wie merken Sie sich folgende Aktivitäten, entweder rückblickend oder vorausschauend:

1) Buchhandlung: Buch abholen; Quittung verlangen
2) Kaufhaus: Tomaten, Eier, Salat, Butter, Safran, gefrorener Fisch, Mehl
3) Post: Sohn Geld überweisen
4) Apotheke: Pflaster und Schlaftabletten, Pfefferminztee kaufen
5) Steuerberater: Unterlagen abholen
6) Krankenhaus: Onkel Norbert besuchen
7) Rasen mähen
8) TÜV
9) Mutti anrufen
10) Nachhilfelehrer fragen

Sie kommen natürlich zu ganz anderen Bildern als ich. Aber die Hauptsache ist, daß das System klappt. Mein Vorschlag:

Pfahl vor Buchhandlung: auf dem Buch liegt Quittung;

Schwan gleitet in Kaufhaus: auf Tomaten und Salat liegen Eier, gefrorener Fisch schwimmt safrangelb in Butter, mache Mehlschwitze;

Kleeblatt: Mit Stiel eines Kleeblattes fülle ich Zahlungsanweisung aus;

Nicken Sie nun bitte nicht mit dem Kopf zum Zeichen dafür, daß Sie verstanden haben, wie sogenannte Gedächtniskünstler ihr Gehirn programmieren, sondern lösen Sie diese Aufgabe. Gönnen Sie sich den Genuß zu erleben, daß auch Sie das Zeug zu einem Gedächtnisakrobaten haben. Übrigens, die Redner der Antike waren keine Vorleser wie unsere Politiker, sondern trugen ihre Ansprachen auswendig vor. Eben nach dieser Methode.

Sich zeitlich orientieren

Beim Fremdsprachenunterricht fällt immer wieder auf, wie schwer sich einige Schüler mit den Zeiten tun. Und dabei zählt die Beherrschung der Zeiten mit zum wichtigsten Arsenal an Kenntnissen, um mit einer Sprache zurechtzukommen. Wörter, die ich im Lexikon nachschlagen kann, stellen keine Probleme. Notfalls kann ich den Begriff zeichnen, auch mit Gesten beschreiben. Aber drücken Sie einmal folgenden Satz mit Gesten aus: »Ich würde gern mit Ihnen spazierengehen, aber ich sollte eigentlich meinen Vater besuchen.«

Sprachlich Untrainierten fällt es oft schon schwer, Vergangenheit, Gegenwart und Zukunft auseinanderzuhalten. In den Seminaren des Superlearning üben wir die Zeitformen bildlich ein. Wir sagen: Ich lege meine Hand auf Gegenwärtiges, auf etwas, das vor mir liegt. Wo also meine Hand liegt, ist Gegenwart. Links von meiner Hand liegt Vergangenes, die Vergangenheit. Und rechts von meiner Hand liegt Zukünftiges, die Zukunft. Ein Beispiel aus dem Englischen:

I arrived at 5	I'am walking	I'll dig a hole
Fay jumped over the chair	through the park	Peter'll plant a tree
Fay kissed me	a man is looking out of a window	Mary'll water the plant
Fay opened the parcel	his wife is cooking coffee	we'll dance round the tree
	they are necking	

Schauen Sie sich diese drei Kolonnen nochmals kurz an. Links von Ihrer Hand sehen Sie (in Bildern! Also zum Beispiel auch mit geschlossenen Augen!):

Ich kam um 5 an.
Fay sprang über den Stuhl (voll heller Freude).

Fay küßte mich.
Fay öffnete das Paket.

Durch Ihre Hand sehen Sie:
Ich gehe gerade durch den Park.
Ein Mann schaut aus einem Fenster.
Seine Frau kochte gerade Kaffee.
Jetzt schmusen sie.

Rechts von Ihrer Hand sehen Sie:
Ich werde ein Loch graben.
Peter wird einen Baum pflanzen.
Mary wird die Pflanze gießen.
Wir werden um den Baum tanzen.

Bestimmt können Sie schon jetzt die drei kleinen Geschichten auswendig.
Was fällt Ihnen ein zum Beispiel zu:

dem Mann und der Frau im Park?
zu Peter?
zu Susan?
zu uns, als wir den Baum gepflanzt haben?

Sie werden bestimmte Bilder sehen. Und natürlich tun Sie dies auch, wenn Sie die drei Geschichten auf englisch erzählen. Wo wird das Paket geöffnet? Links von Ihrer Hand? Wo wird Kaffee gekocht? Bei Ihrer Hand. Wo komme ich an? Links von Ihrer Hand. Wo tanzen wir um den Baum? Rechts von Ihrer Hand.
(Die Darstellung dieser Methode erscheint Ihnen wahrscheinlich etwas umständlich, und sie ist es auch. In der Unterrichtspraxis ist das aber kein Problem).
Als nächstes erzählen sich nun die Teilnehmer:

I arrived at 5.
Fay jumped over... usw. bis »we'll dance round the tree.«

Anschließend fragt der Lehrer auf englisch:
Was tat Fay mit dem Paket? Der Schüler sieht, was links von seiner Hand steht und antwortet entsprechend, also in der Vergangenheitsform.

Wer wird ein Loch graben?

Der Schüler sieht die Antwort rechts von seiner Hand, und in seinem Gehirn »läutet die Glocke«: I'll, Peter'll...

Hat der Lehrer einige solcher Geschichten auch mit anderen Zeiten wie zum Beispiel »Ich soll«, »ich würde«, »ich sollte« usw. vorbereitet und führt sie nun auf einem Flip-chart vor, werden die Schüler in kürzester Zeit diese Zeitformen dazulernen. Auf diese Art werden auch die häufigsten unregelmäßigen Zeitformen eingeübt.

Familiennamen nicht vergessen

Zum Beruf vieler Menschen gehört ein gutes Namensgedächtnis genauso dazu wie Krawatte, saubere Fingernägel oder Taschenrechner.

Von einem erfolgreichen nordamerikanischen Politiker erzählt man sich folgende Geschichte: Traf er in seinem Wahlkreis einen potentiellen Wähler, sagte er: »Jetzt habe ich leider Ihren Namen vergessen.« Darauf sagte der andere: »Mein Name ist Brown.« Nun wieder der Politiker: »Natürlich wußte ich, daß Sie Brown heißen, aber wie heißen Sie mit Vornamen? »Jimmy.« »Klar, Jimmy Brown. Wie geht's? Was kann ich für dich tun?«

Hätte der andere auf die Frage nach seinem Namen gesagt, er heiße Jimmy, wäre die Antwort des Politikers gewesen: »Natürlich weiß ich, daß du Jimmy bist. Aber ich hab' deinen Familiennamen vergessen.«

Da diese Methode nicht immer und nicht überall funktioniert, müssen wir nach einer anderen suchen.

Stellen Sie sich vor, Sie lernen in einer Gesellschaft einen Menschen kennen, der für Sie ungemein wichtig werden könnte. Sie erfahren seinen Namen. Es müßte schon ein sehr ausgefallener Name sein, damit Sie ihn sich nicht sofort merken können. Angenommen, der Name wäre Zsysperkerotschy. Sie würden sich wahrscheinlich den Namen so oft vorsagen, bis Sie ihn auswendig wüßten. Oder Sie würden sich den Namen immer wieder von einem gemeinsamen Bekannten vorsprechen lassen. Oder auf der Visitenkarte lesen. Oder sich die Aussprache hinter diesen unmöglichen Namen notieren. Auf alle Fälle würden Sie *aktiv*, weil Sie ja stark motiviert sind, sich diesen Namen zu merken.

Welche Rolle die Motivation bei Lernvorgängen spielt, erlebe ich immer wieder in meiner psychotherapeutischen Praxis: Ich treffe auf der Straße einen Patienten, der mich anspricht, und mir fällt um alles auf der Welt sein Name nicht ein. Wohl aber seine Krankengeschichte, oft sogar mit solchen Details, daß der Patient verwundert sagt: »Sie haben aber ein gutes Gedächtnis!« Ja, weil mich die Krankengeschichte interessiert, aber nicht der Name des Patienten. Im allgemeinen dürfte es der Magenschleimhaut oder den Lungenbläschen gleichgültig sein, ob ihr Besitzer auf Otto oder Peter getauft worden ist und Huber oder Meier heißt.

Ähnlich wie mir scheint es einem berühmten Berliner Internisten ergangen zu sein. Er untersuchte einen Patienten, der schon einige Male bei ihm gewesen war, dessen Namen er aber vergessen hatte und der den Gelehrten auch nicht weiter interessierte. Als nun der Arzt die Hämorrhoiden des Patienten sah, kam ihm dieser vertraut vor: »Ah, Sie sind's, Herr Geheimrat!«

Manche Menschen haben nur deswegen ein so schlechtes Namensgedächtnis, weil sie sich für die betreffenden Menschen nicht interessieren. Napoleon III. machte sich einen Sport daraus, Namen zu behalten und wurde deswegen auch immer wieder bewundert. Seine Technik? »Während ich mit einem Menschen spreche, der mir gerade vorgestellt wird, wiederhole ich seinen Namen so oft wie nur möglich.«

Das lief etwa folgendermaßen ab:

Napoleon wurde einem Diplomaten namens Olaf Federsen vorgestellt.

Napoleon: »Verzeihen Sie, mein Herr, ich habe Ihren Namen nicht richtig verstanden.«

Diplomat: »Olaf Federsen, Majestät.«

»Monsieur Olaf Federsen.«

»Sehr wohl, Majestät.«

»Wir Franzosen haben Schwierigkeiten, nichtfranzösische Namen auszusprechen, Monsieur Federsen.«

Napoleon schaut nachsinnend in die Luft und sagt: »Monsieur Olaf Federsen. Eigenlich ist Olaf Federsen selbst für einen Franzosen kein schwerer Name. Woher kommen Sie, Monsieur Federsen?«

»Aus Oslo, Majestät.«

»Leider kenne ich Oslo nicht, Monsieur Federsen. Soll eine interessante Stadt sein, nicht wahr, Monsieur Federsen?«

»Majestät sind zu gütig.«

»Jeder hat ein Recht, auf seine Heimat stolz zu sein, Monsieur Federsen.«

Ende der Audienz.

Wie oft hat Napoleon den Namen Federsen gehört?

Einmal vom Protokollchef und einmal von Olaf Federsen selber. Achtmal hat er ihn ausgesprochen. Insgesamt also 10mal gehört, wobei es nur eine seiner Finten war zu sagen: »Ich habe Ihren Namen nicht richtig verstanden.« Sagt man so etwas, dann spricht der andere seinen Namen besonders langsam und besonders deutlich. Außerdem hatte Napoleon somit die Gelegenheit, bereits bei der Vorstellung den Namen zweimal zu hören. Und Olaf Federsen freute sich, welch ungewöhnliches Interesse der Kaiser aller Franzosen an ihm nahm.

Daher die Empfehlung: wollen oder müssen Sie sich einen Namen merken, dann geben Sie sich nicht damit zufrieden, ihn nur so ungefähr verstanden zu haben. Wann immer möglich, lassen Sie sich den Namen wiederholen, notfalls buchstabieren, aufschreiben oder erbitten Sie eine Visitenkarte. In der Mehrzahl der Fälle wird sich der andere über Ihr Interesse freuen.

Leider ist es nicht allein damit getan, sich die Namen zu merken, Sie müssen sie auch mit dem dazugehörigen Gesicht assoziieren. Zunächst geht es uns aber darum, die Namen zu behalten. Kein Problem bei Namen, die sich sofort in ein Bild verwandeln lassen.

| A) Stein | Feuer | Holz |
| B) Feuerstein | Brettschneider | Schwertfeger |

»Brenne« würde ich zu »Brenner« erweitern, »Torkeler« auf »Torkel« (Weinpresse) reduzieren und »Lindenall« in »Lindental« umwandeln.

Namen der dritten Gruppe können ebenfalls transformiert werden, benötigen aber meist eine intensivere Behandlung. Was fällt Ihnen ein, wenn Sie sich folgende Namen merken sollen?

| C) Marisis Middel- zwei | Brunowsky Gambajaccomo | Dinaugly Schimmelstil |

Meine Lösung, die natürlich nicht Ihre sein kann:

Marisis	Marie ist sie
Brunowsky	Bruno auf Ski
Dinaugly	Din Augli = allemanisiert Dein Äuglein
Middelzwei	mittenzwei geschlagen
Gambajaccomo	Beinjakob (la gamba = das Bein)
Schimmelstil	Schimmel, geführt am Stil

Ein Wort der Warnung: Wenn Sie peinliche Situationen vermeiden wollen, dann verzichten Sie auf krasse Bilder, während man ja sonst sich etwas um so leichter merkt, je ausgefallener und meinetwegen auch sexueller das Bild ausfällt. Machen Sie es aber im Zusammenhang mit Namen nicht wie jener, der einer sehr schmucken jungen Dame vorgestellt wurde, deren Namen er sich unfehlbar merken wollte. Sie hieß Swenwarth, und er assoziierte diesen Namen, dunklen philologischen Verbindungen folgend, mit Schweinewarze. Er hatte schon aufgehört zu hoffen, Fräulein Swenwarth in diesem Leben nochmals zu sehen, als sie plötzlich vor ihm stand. Seine Grußhand schoß auf sie zu und er sagte: »Guten Tag, Frau Warzenschwein.«

Wie verbinden Sie nun einen Namen mit einem bestimmten Menschen? Meist wird es mit einem Gesicht sein, aber natürlich können wir auch andere Erscheinungsformen als Anhaltspunkt nehmen, zum Beispiel die Körpergröße, die Körperhaltung, den Gang, die Stimme usw. Um etwas Besonderes herauszufinden, müssen Sie sich die betreffende Person genau anschauen. Beschränken wir uns bei der Übung auf das Gesicht. Natürlich lassen wir uns nicht anmerken, daß wir den anderen studieren, sondern wir sehen ihn nur interessiert an, was er sicherlich zu seinen Gunsten interpretieren wird.

Hohe, niedrige, breite, schmale, eckige, gewölbte, faltige, glatte Stirn?

Beschaffenheit, Stellung der Augenbrauen?

Augen?

Nasenform, Nasenstellung, schmal, fleischig?

Versuchen Sie nun, die folgenden Namen und Gesichter sich einzuprägen, vielleicht innerhalb von Minuten.

Walz

Sween

Berger

Töpfer

Mehler

Pillow

Hauff

Gollowiz

Körbel

Bundschuh

Wie heißen folgende Damen und Herren?

_____   _____   _____   _____   _____

_____   _____   _____   _____   _____

Musiknoten schnell lernen

Es gibt Menschen, die sich davor drücken, Noten zu lernen, weil sie entweder glauben, damit Zeit oder eine Anstrengung zu sparen. Beides ist falsch. Sie ersparen sich sehr viel Zeit und Mühe, wenn Sie erst einmal die Noten kennen. Und Notenlernen kostet nur ein paar Minuten. Sie glauben es nicht? »*C*uno, *d*er *E*sel, *f*abriziert *G*old *a*m *H*interteil.« Und damit haben Sie die Töne der Tonleiter: c, d, e, f, g, a, h, c und wieder so weiter, weil ja Tonleiter auf Tonleiter folgt.

Jetzt wissen Sie also, wie die Töne der Tonleiter heißen. Nun wollen Sie aber die Töne auf dem Notenblatt erkennen. Ebenfalls kein Problem.

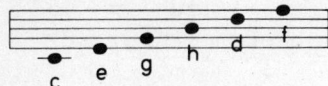

Betrachten Sie diese Noten.

Was haben alle diese Noten gemeinsam? Die Linien gehen durch sie hindurch.

Merksatz: »*C*äsar, *e*s *g*eht *h*urtig *d*urch *F*leiß.«

Und damit haben Sie die Namen der Noten.

Und wie heißen die Noten, die zwischen den Zeilen liegen?

Merksatz: »*F*ritz *a*ß *C*itro-*E*is *g*estern.«

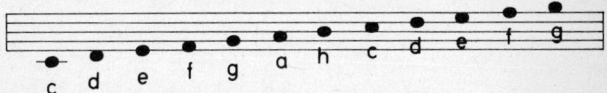

Wie war das nochmals mit Cuno, dem Esel? Cuno, der Esel, fabriziert Gold am Hinterteil. Und nun haben Sie nicht nur die Reihenfolge der Töne, sondern auch das Schriftbild.

Mit drei Sätzchen, die Kinder um so lieber lernen, je drolliger sie sind, könnten Sie in, sagen wir fünf bis acht Minuten, Ihrem Sprößling die Noten beibringen, mit denen er sich nun als Klavierspieler, Gitarrist, Geiger, Blockflötist wochenlang amüsieren kann. Jedenfalls wird so spielerisch einer der Hauptwiderstände gegen das Erlernen von Instrumenten überwunden. (Die Anregung zu diesen drei Sätzchen fand ich bei Wolfgang Zielke, »Handbuch Lern-Denk-Arbeitstechniken«. Landsberg 1980)

Nun müssen Sie noch zwei Zeichen kennenlernen: dieses Zeichen ♯ erhöht einen Ton um einen Halbton, dieses Zeichen ♭ setzt einen Ton um jeweils einen Halbton herab.

Was ist ein Ganzton, was ist ein Halbton? Sie kennen ganz bestimmt das Lied: »Kommt ein Vogel geflogen.« Singen Sie mal die ersten vier Wörter dieses Liedes. Von »kommt« zu »ein« ist ein Halbton, von »ein« zu »Vogel« ist ein Ganzton. Zwei Halbtöne ergeben einen Ganzton. Will der Komponist uns sagen, daß von einer Note zur anderen nicht ein Ganztonschritt, sondern nur ein Halbtonschritt erfolgen soll, dann setzt er eines der zwei obigen Zeichen vor eine Note.

Das ist die Note

d   dis   des

Setzen Sie ein Erhöhungszeichen davor (♯), wird aus dem d dis, setzen Sie das gegenteilige Zeichen (♭) davor, wird aus dem d ein des.

Erhöhungszeichen (♯)		*Herabsetzungszeichen* (♭)	
c	cis	c	ces
d	dis	d	des
e	eis (Sprich: e-is)	e	es
f	fis	f	fes
g	gis	g	ges
a	ais (Sprich: a-is)	a	as
h	his	h	b
c	cis	c	ces

Prüfen Sie nun selber, ob Sie Noten lesen können: dazu decken Sie die zweite Zeile ab.

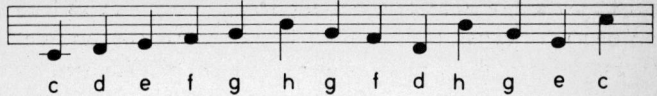

Das Lied heißt im übrigen: Horch, was kommt von draußen rein, holla hi, holla ho.

Fremdwörter lernen

Verstehen Sie bitte diese Überschrift nicht falsch. Sie fordert nicht auf, Fremdwörter zu lernen, um sie dann möglichst häufig zu verwenden. Es gibt Menschen, die so vorgehen, und ihnen müßte man eine Lektion verpassen, damit sie ihre Fremdwörtersucht wieder verlernen. Aber selbst Grundschüler werden schon täglich in der Schule mit Fremdwörtern konfrontiert (da hatten wir eines!). Beim Studium einer Wissenschaft geht es wirklich nicht ohne Fremdwörter. So haben sich zum Beispiel die Astronomen darauf geeinigt, Sonnen- und Mondfinsternis Eklipse zu nennen.

Wir merken uns Fremdwörter um so leichter und um so schneller, je besser wir sie mit etwas uns Bekanntem assoziieren.

»Eklipse? Bei der Sonnen- und Mondfinsternis verstecken sich diese Gestirne, wie die Ohrklipse in den Haaren einer Frau. So können Sie sich leicht und für immer das Wort ›Eklipse‹ merken.«

Ein Sprachenlehrer soll das Wort Homonym* erklären. Ein »Homonym« ist ein Wort, das mit einem anderen gleichlautet, zum Beispiel gleicht das Wort Schloß im Klang dem Wort Türschloß oder dem Wort Ritterschloß, die Bedeutungen aber sind unterschiedlich. Ein anderes Homonym ist Heide. Die Heide gibt es als Land, der Heide ist ein Nichtchrist.

Es gibt aber auch Assoziierungswüteriche. Diese empfehlen Ihnen als Eselsbrücke ähnlich lautende Wörter. Das sieht dann so aus:

Fremdwort	Bedeutung	Eselsbrücke
Protist	einzelliges Lebewesen	Protest
konsistent	dicht zusammenhaltend, dick-flüssig	konsequent

---

* Homo heißt gleich; denken Sie an homosexuell. Nym heißt lautend: Homonym das Gleichlautende.

Fremdwort	Bedeutung	Eselsbrücke
Systole	Zusammenziehung des Herz-muskels	süß Stola
Pentose	Einfachzucker	pennt Hose
Supposita	Vorausgesetztes	Suppe Prosit

Und so weiter.

Diese Methode hat Sinn, wenn man zum Fremdwort hinzu nicht noch einen dritten völlig abwegigen Begriff lernen muß, wie dies in den fünf oben gezeigten Beispielen so mustergültig falsch gezeigt wird.

Lassen Sie mich einige sinnvollere Beispiele bringen, zunächst aus dem Spanischen:

Spanisch	Deutsch	Eselsbrücke
accompanar	begleiten	Kompagnon
antiguo	alt	antik
aparte	abseits	apart = abseits von den anderen
asistir	helfen, unter-stützen	Assistent
las autoridades	Behörden	Autorität
averia	Schaden, Panne	Havarie
bailar	tanzen	Ballerina
blanco	weiß	Montblanc
caballo	Pferd	Kavalier

Erlauben Sie mir einen Exkurs in den Aufbau europäischer Sprachen, also zum Beispiel Englisch, Französisch, Russisch usw. (Finnisch, Ungarisch und Baskisch sind keine europäischen Sprachen). Für alle europäischen Sprachen, also auch für Deutsch, Schwedisch, Portugiesisch oder Griechisch, gilt folgendes: Werden alle Fachausdrücke – zum Beispiel der Medizinersprache, der Juristensprache, der Computersprache usw. –‹ dem allgemeinen Wortschatz einer Sprache hinzugefügt, so kommen dabei weit über 100 000 Wörter zusammen. Im Englischen zum Beispiel an die 400 000. Kein Mensch der Welt kennt alle diese Wörter. Zum Glück hängt die Sprechfertigkeit und hängen Sprachkenntnisse nicht allein von der Fülle der Wörter ab, die einer kennt, sondern davon, ob er mit den Wörtern umgehen kann, die in einer Sprache am häufigsten vorkommen. Sprachforscher haben daraufhin die europäischen Sprachen nach der Worthäufigkeit untersucht.

Es gibt in jeder Sprache rund 10 Wörter, die etwa ein Viertel eines Normaltextes ausmachen.* (Ein Normaltext ist ein Text ohne Wörter aus einem Spezialwortschatz. »Postcholezystektomiesyndrom« gehört bestimmt nicht in einen Normaltext, auch nicht »transitorische« oder »antizipatorische Abgrenzung«. Solche Wörter finden sich in Fachgesprächen).

Diese rund 10 am häufigsten in einer Sprache vorkommenden Wörter sind Bestandteil der sogenannten Strukturwörter. Jede europäische Sprache kennt etwa 100 Strukturwörter. Diese Strukturwörter machen rund die Hälfte eines Normaltextes aus. Diese 100 Wörter kann man innerhalb kürzester Zeit lernen. Wer aber nur sie kennt, kann freilich nicht viel damit anfangen. Als kleine Geschmacksprobe einige Strukturwörter des Englischen.

about	ungefähr, über
above	über
across	quer, gegenüber
after	nach
again	wieder
against	gegen
all	alle, alles
and	und
any	irgend (einer/etwas)
are	sind

Zu den Strukturwörtern kommt nun der Grundwortschatz. Er umfaßt etwa 2000 Wörter und Redewendungen. Mit diesem Grundwortschatz können Sie ein Alltagsgespräch führen und etwa 85 Prozent eines Normaltextes erfassen. Zwei Beispiele für ein Alltagsgespräch:

---

* »und«, »der«, »die«, »das«, »ein«, »ist«, »sind« etc.

»Wie geht's?«

»Danke, gut. Aber es ist ein bißchen kalt für die Jahreszeit.«

»Ja, da haben Sie recht. Übrigens, wie war Ihr Flug?«

»Danke, sehr angenehm. Nur die Sicht war nichts. Nichts als Wolken von London bis München.«

»Schade.«

»Macht nichts.«

»Sie verzeihen: ich muß mich beeilen. Ich muß vor 12 Uhr noch etwas besorgen. Einlegesohlen gegen die Spreizfüße meines Mannes.«

Sicher haben Sie gestutzt, als Sie die Wörter »Einlegesohlen« und »Spreizfüße« lasen. Beide gehören natürlich nicht zum Grundwortschatz. Für solche und ähnliche Wörter gibt es Lexika oder Intelligenz. Wenn ich schon so indiskret sein sollte, intime Schwächen eines meiner Bekannten einem Ausländer anzuvertrauen, würde ich sagen:

»Er hat Schmerzen in den Füßen und braucht eine kleine Stütze aus Leder oder Plastik, die er in seine Schuhe legt.«

Das ist dann mit dem Grundwortschatz ausgedrückt. Jeder Zivilisierte weiß nun, wo den Burschen der Schuh drückt. Unter Umständen steht der Gesprächspartner im Augenblick selber auf solchen Einlegesohlen, weil er an einem Senk-, Spreiz- *und* Knickfuß leidet und von solchen Dingen ein Lied singen kann. Nun einige Zeilen aus einer Erzählung, die mit Grundwortschatz auskommt:

»Die Freunde, mit denen Paco am Sonntag einen Ausflug machte, waren nicht sehr sportlich, deshalb nahm er ein Krokketspiel mit. José transportierte in seinem Auto Stühle, Tische, eine Luftmatratze und einen Korb mit...«

Der sogenannte Aufbauwortschatz umfaßt nach der Worthäufigkeit weitere 2500 Vokabeln und Redewendungen.

Grund- und Aufbauwortschatz zusammen machen etwa 4500 Wörter und Redewendungen aus. Damit verstehen Sie nun auch »gehobenere« Konversation und 90–95% eines Normaltextes. Und nun wird es tragisch: Um 1% mehr eines Textes zu verstehen, müßten Sie etwa 1500 Wörter lernen. Um also mehr als 95% eines Textes zu erfassen, müßten Sie weitere 45000 bis 50000 hinzufügen. Trösten Sie sich: die meisten Menschen kommen mit 500–600 Wörtern aus. Adenauer überzeugte mit 500 bis 600 Wörtern seine Wähler, anderen gelingt dies mit 5000–6000 nicht.

Übrigens, Sie erhalten in jeder Buchhandlung preiswerte Bücher über den Grund- und Aufbauwortschatz mehrerer europäischer Sprachen.

Von den etwa 2000 Vokabeln des Grundwortschatzes gehören etwa 500–600 zu den sogenannten Internationalismen, also zu Wörtern, die in jeder europäischen Sprache vorkommen. Einige Beispiele aus dem Französischen:

absolu	absolut, unbedingt
absorber	absorbieren, aufsaugen
accepter	akzeptieren, annehmen
l'accord	Akkord, Übereinkunft
l'acte	Akt, Tat, Handlung

Ziehen wir also diese sehr schnell und leicht zu lernenden Internationalismen vom Grundwortschatz ab, so bleiben ungefähr 1400–1500 Wörter Grundwortschatz, der mit seinen grammatikalischen Formen zu lernen ist.

Sollten Sie sich mit einem Fachstudium herumschlagen, bei dem viele Fremdwörter vorkommen und Sie nicht Griechisch und Latein gelernt haben, dann empfehle ich Ihnen, sich die notwendigen Kenntnisse des Griechischen und des Lateinischen für die Fremdwörter Ihres Faches zuzulegen. So enthält zum Beispiel das »Geologische Wörterbuch« von Hans Murawski eine Liste der 285 am häufigsten in der Geologie vorkommenden lateinischen und eine Liste von 340 griechischen Grundwörtern. Natürlich dauert es seine Zeit, bis Sie als angehender Geologe diese 625 Wörter gelernt haben. Aber dann beherrschen Sie mehr oder weniger die Basis, auf der sich der wissenschaftliche Wortschatz der Geologie aufbaut. Und das, solange Sie leben. Bedenken Sie: mit Anlauf springt man weiter.

Zahlen leicht behalten

Müssen Sie sich viele Zahlen merken, zum Beispiel Geschichtszahlen, Telefonnummern oder Banknoten, dann werden Sie jene Mnemotechniker segnen, die dafür ein System erfunden haben. Spielt es dagegen keine große Rolle, ob Sie Zahlen auswendig kennen oder sie sich in einem Telefon- oder Notizbuch suchen, wird sich der Aufwand kaum lohnen. Sollten Sie aber ein imposantes Hobby suchen, dann bietet sich die Zahlenmnemotechnik förmlich an. Wie werden dann Ihre Bekannten und Freunde staunen, wenn Sie sich bei Ihrer nächsten Party lange Zahlenreihen aufschreiben lassen und diese nach einigen Sekunden des »Auswendiglernens« vor- und rückwärts heruntersagen können! Oder beeindruckt es Sie nicht, wenn jemand in kürzester Zeit folgende Zahlen auswendig kann?

25724589991024
243657341200
9968097534235

Nach einiger Übung werden auch Sie diese Hexerei spielend beherrschen.

Basis ist das große Kennwortsystem, das von Mnemotechnikern ausgearbeitet wurde und das ich aus dem Buch »Gedächtnis- und Konzentrationstraining« von Günther Beyer, mit leichten Änderungen, kopiere. Lesen Sie die folgenden 110 Wörter durch, dann werden Sie sich vielleicht sagen: so was kann ich mir nie merken. Vorsicht! Ich gebe Ihnen gleich Tips, die Ihnen das Auswendiglernen wesentlich erleichtern werden.

Das große Kennwortsystem

0 – solo	3 – Maria	6 – Schuh
1 – Tee	4 – Reh	7 – Kuh
2 – Noah	5 – Löwe	8 – Pfau

9 – Bau	44 – Rohr	81 – Pfote
10 – Dose	45 – Rolle	82 – Pfanne
11 – Tod	46 – Rache	83 – Vim
12 – Ton	47 – Rock	84 – Feier
13 – Dom	48 – Riff	85 – Feile
14 – Teer	49 – Rippe	86 – Fisch
15 – Diele	50 – Lasso	87 – Feige
16 – Tisch	51 – Latte	88 – Pfeife
17 – Teig	52 – Leine	89 – Vopo
18 – Topf	53 – Lamm	90 – Bus
19 – Taube	54 – Lore	91 – Boot
20 – Nase	55 – Lilie	92 – Bahn
21 – Niete	56 – Leiche	93 – Baum
22 – Nonne	57 – Liege	94 – Bär
23 – Name	58 – Lava	95 – Ball
24 – Nero	59 – Lippe	96 – Busch
25 – Nil	60 – Schuß	97 – Backe
26 – Nische	61 – Schutt	98 – Puff
27 – Nike	62 – Schiene	99 – Popo
(Sieges-	63 – Schaum	100 – Dosis
göttin)	64 – Schere	
28 – Napf	65 – Schal	
29 – Narbe	66 – Scheich	
30 – Maus	67 – Scheck	
31 – Matte	68 – Schiff	
32 – Mine	69 – Scheibe	
33 – Mumm	70 – Käse	
34 – Meer	71 – Kette	00 – Soße
35 – Maul	72 – Kanne	01 – Saite
36 – Masche	73 – Kamm	02 – Sonne
37 – Mücke	74 – Karre	03 – Same
38 – Mofa	75 – Kohle	04 – Säure
39 – Mopp	76 – Koch	05 – Saale
40 – Rose	77 – Geige	06 – Seuche
41 – Rute	78 – Kaff	07 – Sack
42 – Rinne	79 – Kappe	08 – Sofa
43 – Ramme	80 – Faß	09 – Sieb

Nehmen wir an, Sie würden dieses Kennwortsystem bereits auswendig kennen, dann wäre die Zahl 22 25 37 59 63 77 nichts anderes als: Eine Nonne sitzt am Nil mit einer Mücke auf der Lippe und Schaum auf der Geige.

Wie würden Sie sich 53 15 20 17 45 merken? Ich verflechte schnell die Begriffe zu dem Satz: Ein Lamm steht in der Diele mit der Nase in einer Teig-Rolle. Sie kommen natürlich zu anderen Bildern.

Und die Zahl 31 67 66 87 00? Auf der Matte liegt der Scheck des Scheichs neben einer Feige in der Soße.

Nun können Sie diese drei Zahlenungetüme heruntersagen:

22 25 37 59 63 77
53 15 20 17 45
31 67 66 87 00

Oder wie wär's mit folgender Zahl?

22 25 37 59 63 77 53 15 20 17 45 31 67 66 87 00

Nur ein Genie kann sich eine solche Zahl in wenigen Sekunden einprägen – so lautet das Urteil der staunenden Partygäste. Das Genie aber merkte sich nur:

Eine Nonne sitzt am Nil mit einer Mücke auf der Lippe und Schaum auf der Geige. Ein Lamm steht in der Diele mit der Nase in einer Teig-Rolle. Auf der Matte liegt der Scheck des Scheichs neben einer Feige in der Soße.

Nehmen wir an, Ihre große Liebe wohnt in Tilbury (Großbritannien), und Sie wollen ihre Telefonnummer stets bei sich haben, weil Sie ja nie wissen, wann und wo Sie das Bedürfnis überkommt, dort anzurufen. Die Nummer ist verführerisch einfach: 00 44 37 52/94 86 82.

In die Bildersprache übersetzt lautet sie: Soße im Rohr.
Mücke an der
Leine.
Bär mit Fisch in
der Pfanne.

Nun aber die versprochenen Tips, wie Sie sich das Große Kennwörtersystem leichter einprägen können.

Es gibt Sprachen, bei denen werden die Vokale (a, e, i, o, u) nicht geschrieben, sondern nur die Konsonanten (b, c, d, f, h usw.). Auf dieser Überlegung baute der Deutsche Winckelmann im 17. Jahrhundert sein System auf. Dabei ordnete er einer Zahl einen oder mehrere Konsonanten zu.

1   T, D; das I ist die Basis des T, und das D ist nur die »weiche« Form des T.

2   N; das N hat *zwei* Zacken.

3   M; das M hat *drei* Zacken.

4   R; »vier« endet auf »r«.

5   L; bei lateinischen Inschriften drückt L 50 aus.

6   X, CH, SCH; 6 = se*chs*, se*x* = x; ein Alemanne sagt für 6 sek*sch*.

7   G, K, CK, J, Q; der 7. Buchstabe im Alphabet ist G. K ist ein hartes G, CK nur eine Sonderform des K; J ist ein gerieben gesprochenes G: auf Kölnsch: eine jute Jabe Jottes = eine gute Gabe Gottes; Q wird wie K ausgesprochen.

8   F, PF, V, W; »Steuermann halt die (W)acht«, (Richard Wagner, Fliegender Holländer) Wind, pfeifen wie Wind.

9   P, B; drehen Sie die 9 um, dann haben Sie P, und das B ist nur ein weiches P.

10   S, Z, C; in der Sprache des Spielkasinos heißt 0 zero (sprich: sero); häufig wird auch C wie Z gesprochen, zum Beispiel Caesar.

Beethovens Todesjahr:	Der pfiff nicht mal		
	1	8	2	3

	Der Schein fiel fort		
Glorious Revolution:	1	6	8	8

	Jeden Muselmanns Niederlage		
Schlacht bei Poitiers:	7	3	2

Bevor Sie nun das Große Kennwortsystem angehen, lernen Sie zuerst die Konsonantenzuordnung, also nochmals:

1 T, D
2 N
3 M
4 R
5 L
6 X, CH, SCH
7 G, K, CK, J, Q
8 F, PF, V, W
9 P, B
0 S, Z, C.

Wenden Sie sich nun dem Großen Kennwortsystem zu, wissen Sie
a) die ersten 10 Wörter folgen der Konsonantenzuordnung:

0 fängt also mit S an (Solo)
1 fängt mit T oder D an (Tee)
2 fängt mit N an (Noah)
3 fängt mit M an (Marie)
4 fängt mit R an (Reh)
5 fängt mit L an (Löwe)
6 fängt mit X, Ch, SCH an (Schuh)
7 fängt mit G, K, CK, J, Q an (Kuh)
8 fängt mit F, PF, V, W an (Pfau)
9 fängt mit P oder B an (Bau).

Üben Sie diese ersten 10 Wörter des Großen Kennwortsystems ein. Nach spätestens zwei, drei Minuten haben Sie es »drauf«. Und nun zu
b) die Wörter von 10–19 beginnen alle entweder mit einem T oder einem D. Die zweite Ziffer finden Sie ebenfalls in Ihrer Konsonantenzuordnung: für 0 wird ein S, Z oder C stehen. Was steht also für 10? Dose. Für 11 wird vorne ein T oder D sein. Was steht für 11? Tod. Bei 12 wird wieder vorne ein T

oder D stehen und für die 2 ein N. Und was finden Sie im Großen Kennwortsystem? Ton. Für 13 wird vorne ebenfalls ein T oder ein D stehen, und für die 3 ein M. Ergebnis: Dom.

c) Alle Wörter von 20–29 werden mit einem N beginnen, und die zweite Zahl wird wiederum der Konsonantenzuordnung entsprechen.

Nun haben Sie aber ganz bestimmt das System durchschaut, so daß es Ihnen nicht schwerfallen wird, die 110 Wörter innerhalb kurzer Zeit zu memorieren.

Was Sie dann mit diesem Großen Kennwortsystem alles anfangen können, durfte ich Ihnen schon am Anfang dieses Kapitels umreißen. Erinnern Sie sich noch? Eine Nonne saß am Nil mit einer Mücke auf der Lippe und Schaum auf der Geige. Also ist ihre Kennzahl: 222537596377.

Sollten Sie eine spezielle Frage haben, aber bitte nur eine spezielle Frage, dann könnten Sie mich ja mal anrufen:

Vor dem *Sofa* steht ein *Mofa*
Vorne drauf sitzt eine *Nonne*,
hinten nochmals eine *Nonne*
und schaut durch ein *Sieb*.
Meine Nummer? 0838222209.

Die Revolution in der Kunst des Lernens

Die Entstehung der Suggestopädie

Vielleicht geht Ihnen das Wort Superlearning geläufiger von der Zunge als das Wort Suggestopädie. Seit die Nordamerikaner Ostrander und Schroeder über Suggestopädie eine journalistisch sehr reißerische Darstellung mit dem Titel »Superlearning« veröffentlichten, ist das Wort Superlearning in vieler Munde. Kein Wunder! So soll laut Ostrander und Schroeder ein Mensch in acht Tagen chinesisch gelernt haben. Hanebüchener Unsinn! Auch Professor Georgi Lozanov, der Begründer der Suggestopädie, distanzierte sich von vielen Behauptungen über seine Person und seine Methode, so wie sie in besagtem Buch aufgestellt werden.

Was aber sind die Tatsachen des Superlearning?

Stellen Sie sich vor, Sie treffen eine Anzahl Menschen, die lange Texte, sagen wir, ganze Kapitel aus der Bibel auswendig heruntersagen können. Darunter Leute, die nicht lesen und schreiben gelernt haben, Menschen, die auch nicht sonderlich intelligent sind. Würden Sie sich da nicht fragen: Wie haben so einfache Zeitgenossen so lange, teils schwierige Texte auswendig gelernt?

Diese Frage stellte sich vor etwa 30 Jahren während seiner Reisen durch Indien ein bulgarischer Arzt, eben jener besagte Professor Dr. med. Georgi Lozanov. Zum Glück befähigte ihn seine Ausbildung, dieser Entdeckung nachzugehen, sie zu erklären und die Nutzanwendung für alle herauszufinden, die – wie wir – schnell lernen wollen oder müssen.

Offenbar hatten Gurus im Lauf einer jahrtausendalten Kultur eine Lernmethode entwickelt, die von Lozanov ausgebaut, später Einzug auch in die Universitäten hielt. Und nicht nur in die Universitäten des Ostblocks, etwa in die Karl-Marx-Universität Leipzig, sondern auch in die Sorbonne, um eine der ehrwürdigsten Hochschulen zu nennen. Ich selbst verwende Suggestopädie bei meinem Lehrauftrag an der Universität Innsbruck.

Was hatte Lozanov nun in Indien an für ihn methodisch Neuem entdeckt? Die Lernenden befanden sich in einem Zustand großer körperlicher und geistiger Ruhe, sie hatten sich mit Yoga in diesen Zustand versetzt. Während ihnen die Gurus den Unterrichtsstoff vortrugen, ertönte dazu Zenmusik. Und die Kursteilnehmer wandten eine gewisse Atemtechnik an.

Als Arzt wußte Lozanov, daß in gewissen Zuständen, etwa in Hypnose, Hypermnesie auftreten kann, also eine ungewöhnlich große Merkfähigkeit. In jahrelanger Arbeit fand Lozanov heraus, daß auch ohne Hypnose durch Suggestion eine Art Hypermnesie erzielt werden kann. So gelang es ihm, an einem einzigen Tag über 1000 Wörter einer Fremdsprache so zu vermitteln, daß die Versuchspersonen diese Wörter wiedererkannten und ihre Bedeutung angeben konnten, und zwar zu etwa 95% nach 24 Stunden. Diese phantastischen Leistungen mögen an die Person von Professor Lozanov gebunden sein, die Norm sind ungefähr 3200 Wörter und Redewendungen in 120 Stunden oder etwa 2000 Wörter und Redewendungen in einem Wochenseminar, also der Grundwortschatz einer europäischen Sprache. Dazu kommen die wichtigsten Regeln der Grammatik, in denen ein Tätigkeitswort auftritt, zum Beispiel ich gehe, ich werde gehen, ich würde gehen, ich bin gegangen usw. Diese Norm umfaßt aber nicht nur das Wiedererkennen eines Wortes, sondern auch seine Anwendung durch den Lernenden, also verstehen und sprechen.

Lassen Sie mich Ihnen nun kurz *eine Lehreinheit Suggestopädie* schildern.

Die Kursteilnehmer befinden sich in bequemer Kleidung in einem ruhigen Raum. Jede und jeder hat seinen Vor- und Familiennamen gegen Namen aus der zu lernenden Fremdsprache ausgewechselt. Da sitzen dann im Englischseminar Fay Rust sales manager und Bobby Carter pilot, Jimmy Brown captain und Maggy King interpreter nebeneinander oder gegenüber. Jeder der Kursteilnehmer soll aus seiner Alltagsidentität heraustreten und sozusagen in ein neues psychologisches Gewand schlüpfen. Herr Albert X ist Geschäftsführer einer berühmten Firma, dieser

Status verpflichtet und verfolgt den armen Kerl bis ins Seminar hinein. Er darf sich nicht gehenlassen, er darf sich nicht blamieren. Was würden sonst die anderen von ihm und seiner Firma halten? So aber ist er von allem Anfang an Charly Black driver, und jedem anderen im Kreis ist es gleichgültig, was er beruflich wirklich macht und wie er wirklich heißt. Natürlich werden in einem Seminar bald Freundschaften geschlossen, und man erfährt, wer wer ist. Aber dann ist das Eis schon gebrochen.

Die Kursteilnehmer lesen einen Text mit, den ihnen der Suggestopäde vorträgt und erklärt. Sie erfahren also, was das einzelne Wort heißt, warum es an dieser Stelle eine bestimmte Endung hat und wie der gesamte Text übersetzt werden kann. Sind etwa 100 bis 150 neue Wörter zusammengekommen, unterbricht der Lehrer und legt eine kleine Pause ein.

Bevor die Kursteilnehmer wieder Platz nehmen, treiben sie einige Minuten Gymnastik. Das lockert die Muskeln, bringt den vom Sitzen träge gewordenen Kreislauf in Schwung, versorgt den Körper mit einem Stoß an Sauerstoff, dieser wichtigsten Gehirnnahrung, und erheitert die Teilnehmer, wenn sie aneinander ihre Kräfte messen. Dann setzen sie sich hin.

Sie haben ihre Texte, die vor der Pause erklärt worden sind, vor sich liegen, sitzen aber bequem, eher faul auf ihren Sesseln, wartend auf das, was Losanov Séance nennt.

Während einer Séance versetzen sich die Kursteilnehmer in eine konzertähnliche Pseudopassivität, ebenfalls ein Begriff aus der Lozanov'schen Terminologie. Was will er besagen? Der Lernende befindet sich im Idealfall in einer so angenehm-wohligen Verfassung wie während eines Konzerts, das ihn fasziniert. Er entspannt sich, so daß er in einen Zustand der Passivität kommt. In Wirklichkeit verhält er sich aber nicht passiv zum Lehrstoff, sondern höchst aktiv, aber er verkrampft sich nicht, wie dies häufig von anderen Lehrmethoden verursacht wird. Der Kursteilnehmer läßt sich unterhalten, etwa wie in einem Konzert bei seiner Lieblingsmusik, wo er ebenfalls entspannt ist, nichts will außer lauschen, und darüber die Welt vergessen. Deswegen spricht Lozanov nicht von der Passivität, sondern von Pseudopassivität.

Es gibt mehrere Verfahren, dem Kursteilnehmer die Entspannung zu erleichtern:

– An der Karl-Marx-Universität Leipzig werden die Teilnehmer durch eine etwa fünfminütige Tonbandmusik auf den Unterricht eingestimmt. Während dieser Zeit spricht der Lehrer nicht;
– Lozanov führt seine Studenten verbal in einen entspannten Zustand, was auch ich mache. Erst dann wird das Tonbandgerät angestellt.

Übrigens, da in meinen Wochenseminaren keine Zeit für das Erlernen der Entspannung ist, schicke ich den Teilnehmern vier Wochen vor Beginn des Seminars eine von mir besprochene Kassette, mit deren Hilfe sie eine leichte Versenkungsmethode erlernen. In ganz wenigen Fällen, in denen über diese Kassette nichts oder zu wenig erreicht wird, verwende ich dann im Seminar fallspezifisch Methoden aus der Hypnosetechnik, um auch den letzten »nervösen Kaspar« ruhigzustellen. Nur einige wenige Male blieb der Erfolg aus, weil es sich um psychisch auffällige Personen handelte oder große akute Probleme vorlagen, zum Beispiel die Frage, ob über die Firma des Betreffenden während der Seminarwoche der Konkurs eröffnet wird. Ich schickte diesen Teilnehmer nach Hause, und er bekam sein Geld zurück. Ob nun die Leipziger oder die Methode aus Sofia angewandt wird, nach einigen Minuten befinden sich die Kursteilnehmer in jenem Zustand der Entspannung, der die optimale Aufnahmefähigkeit gewährleistet. Nun trägt der Lehrer den Lernstoff in Form von kurzen Sätzchen oder Redewendungen vor (Syntagma). Dabei lesen die Kursteilnehmer mit.

Der Lehrer trägt den Lernstoff rhythmisch vor, und zwar unter zwei Gesichtspunkten:

1) er spricht ein Syntagma leise, das nächste in der Lautstärke normaler Umgangssprache, das dritte sehr laut; das vierte dann wieder leise, das fünfte in der Lautstärke normaler Umgangssprache usw.;

2) er macht zwischen jedem Syntagma, das er in etwa vier bis
   fünf Sekunden vorträgt, eine genauso lange Pause.

Umstritten ist unter den Suggestopäden, ob die Lernenden während des Vortrags eines Syntagmas den Atem anhalten sollen oder nicht. Zunächst sprach sich Lozanov dafür aus. Und er hatte recht. Beobachten Sie einmal einen Hund oder eine Katze, wenn sie sich auf Laute konzentrieren. Sie halten dann den Atem an oder atmen ganz flach. Übrigens, wir Menschen tun es auch. Wir höheren Säugetiere scheinen so geschaffen zu sein, daß sie den Atem anhalten, wenn etwas sehr Wichtiges zu hören ist. Andererseits setzt dieses rhythmische Atemanhalten eine gewisse Übung voraus. Die meisten Menschen wollen schnelle Erfolge ohne großen Einsatz. Sie nehmen sich also nicht die Zeit, um diese Atemtechnik zu erlernen. Oder sie zählen mit und beschäftigen sich dann mehr mit der Atemtechnik als mit dem Lernstoff. Und schließlich ist das Aus- und Einatmen eine so individuelle Angelegenheit, daß manche sich unleidig fühlen, wenn sie dieses Urbedürfnis einem äußeren Zwang unterwerfen müssen.

Lozanov kam deswegen von dieser Atemtechnik ab. Ich empfehle meinen Kursteilnehmern folgendes: Stört sie das rhythmische Ein- und Ausatmen, dann sollen sie atmen, wie es ihnen am angenehmsten ist. Sie können aber zusätzlich jedesmal den Atem anhalten, wenn sie mich sprechen hören, und dann hinterher weiter atmen wie sie wollen.

Haben die Schüler den vom Lehrer rhythmisch vorgetragenen Text mitgelesen, so schließen sie dann die Augen und lassen sich einige Minuten von Musik berieseln. Dann hören sie den Lehrstoff ein zweites Mal in gleicher Weise wie das erste Mal, nur daß sie eben diesmal nicht mitlesen.

Haben die Kursteilnehmer den Stoff zum zweiten Mal gehört, bleiben sie noch etwa fünf Minuten bei Musik sitzen. Diese Musik ist aber flotter als die vorherige, weil sie den Lernenden allmählich aus seiner Versenkung herausführen soll. Die fröhliche Musik löst die Stimmung der Ruhe ab und setzt mit ihrer Dynamik das Signal zur Beendigung der Séance. Die ausgewählte Musik (getragene Barock- oder Panflötenmusik) hat einen unverbindlichen Charakter und erlaubt stärker als Worte, Gedanken und Vorstellungen in den Lehrstoff hineinzuinterpretieren. Der zu eigenen Gedankengängen anregende Charakter der Musik hilft also, das gehörte Syntagma besser im Gedächtnis des Lernenden zu verankern, es sozusagen zu einem persönlichen Bekannten zu machen.

Außerdem betont der unterhaltsame Charakter der Musik den Lernspaß und fungiert als Gegengewicht zu angestrengter Verstandestätigkeit, auf die es beim Auswendiglernen nicht ankommt. Im Gegenteil, je mehr es gelingt, den kritischen Denkapparat auszuschalten, um so schneller lernt jeder. Auch Kinder lernen völlig unkritisch.

Der Physiologe weiß einen weiteren Grund für die förderliche Wirkung ruhiger Musik auf die Lernleistung. Es gibt in unserem Gehirn nämlich spezifische Nervenbahnen für spezifische Informationen. Rieche ich an verschiedenen Blumen, werden immer wieder dieselben Nervenbahnen in Betrieb gesetzt, die für Riechvorgänge geschaffen sind. Ähnliches gilt für Sehen, Fühlen, Hören usw. Daneben gibt es aber auch Nervenbahnen, die für nichts Bestimmtes zuständig sind außer für die allgemeine Aktivierung der Gehirnrinde. Diese unspezifischen Nervenbahnen werden durch geeignete Musik angesprochen, wobei sie einen Zustand des Gehirns herbeiführen, der die Aufnahme von Lehrstoff und seine Langzeitspeicherung begünstigt. (D. Lehmann, Pilotstudie zur Suggestopädie, Leipzig, 1973).

Lozanov selbst wies im Elektroenzephalogramm nach, daß Musik, Reim und Rhythmus den Menschen psychisch aktivieren, insgesamt Gefühle, Gedanken und Handlungswünsche erwecken. Und das Wichtigste: mit Hilfe dieser Kunstmittel erreicht der Stoff den Lernenden über viel kürzere Kanäle, als dies mit logischer Argumentation möglich ist.

Aber nichts ist perfekt. Ein bequemer Stuhl, angenehme Musik und Entspannungsübungen verschwören sich oft, um einen Kursteilnehmer in ein süßes Schläfchen fallen zu lassen, was Meister Lozanov gar nicht gefallen will. Je geistig wacher wir beim Lernen sind, um so größer ist die Lernleistung. Das ist einer der Gründe, warum der Suggestopäde seinen Stoff während der Séance in drei verschiedenen Lautstärken vorträgt. Die Kursteilnehmer sollen also während einer Séance nicht erforschen wollen, was es mit der Theorie des Lernens im Schlaf auf sich hat.

Außerdem haben wir ja bereits darüber gesprochen, daß Kürzestzeitwissen durch verschiedene Filter geschleust wird, bevor es sich im Langzeitgedächtnis verankert. Je gleichmäßiger die Signale sind, die durch diese Filter hindurch müssen, um so mehr werden sie gehemmt. Neue Reize schlüpfen dagegen leichter hindurch. Ist der Reiz ganz, ganz neu und einmalig, dann wird er sofort ins Allerheiligste des Langzeitgedächtnisses aufgenommen. So war es damals, als ich barfuß in die Zinken einer Mistgabel sprang oder als mich ein Schäferhund in den rechten Unterarm biß!

Dem Wechsel in der Intonation kommt also eine dreifache Bedeutung zu:

1) er verhindert weitgehend das Einschlafen;
2) die rhythmische Wiederholung verkürzt die Lernkanäle;
3) abwechslungsreich Dargebotenes durchdringt leichter die Filter zwischen Kürzestzeit- und Langzeitgedächtnis.

Alle pädagogischen Maßnahmen des Suggestopäden zusammengefaßt führen zum *optimalen Aktivierungsniveau.*

Zur Wiederholung:

1) Der Lernende versetzt sich in eine Person, die bereits die zu lernende Sprache kann.
2) Er wird dehypnotisiert, das heißt, der Suggestopäde suggeriert ihm immer wieder, daß er schon viel Schwierigeres in seinem Leben gelernt hat als eine Fremdsprache; daß Millionen von Kindern diese Sprache spielerisch erworben haben, daß er auch aus anderen Sprachen eine große Anzahl von Wörtern »aufgepickt« hat, ohne sie zu pauken, so zum Beispiel tournée, garage, trottoir, balcon, chanson, médaillon, aubergine, sombrero, caramba, Rio Negro, Santa Cruz, Ponte Vecchio, Riviera, minestrone, Bel paese usw. Und genauso wird er in der folgenden Séance wieder eine große Anzahl von Wörtern und Redewendungen aufpicken.

3) Der Suggestopäde verwendet weitere Mittel der Suggestion, nämlich seine liebevolle Autorität. Er vermittelt die Gewißheit, den Stoff und seine Methode zu beherrschen.

4) Durch körperliche Anstrengung vor der Séance erhöht der Kursteilnehmer sein Aktivierungspotential.

5) Der hypnoide Zustand während der Séance aktiviert die unbewußten Schichten der Persönlichkeit.

6) Wechsel in der Intonation hält das Aktivierungsniveau aufrecht.

7) Der rhythmische Vortrag hilft, die Filter leichter zu durchdringen, die zwischen dem Kürzestzeitgedächtnis und dem Langzeitgedächtnis wirken.

8) Ausgewählte Musik harmonisiert die Persönlichkeit des Lernenden, betont den spielerischen Charakter des Wissenserwerbs, aktiviert die rechte Gehirnhälfte, den Sitz für die Betonung und die Modulation einer Sprache, und spricht auch die nichtspezifischen Nervenbahnen des Gehirns an, die für seine Aktivierung zuständig sind.

Eine Sprache verstehen und sie zu sprechen sind zweierlei Stiefel. In der sogenannten *Aktivierungsphase* des gelernten Wortschatzes versucht der Suggestopäde ebenfalls die gelöste, heitere Atmosphäre zu erzeugen, in der wir uns befanden, als wir mit zwei, drei, vier Jahren so unvergleichlich mehr lernten als in späteren Lebensabschnitten. Daher stehen Fremdsprachenspiele, Rollenspiele, das Lösen alltäglicher Aufgaben, das Singen von Liedern usw. im Vordergrund.

Eine immer wieder beobachtete Erscheinung ist, daß dem Kursteilnehmer erst zwei oder drei Tage nach einer Séance im Unterricht, im Traum oder bei nichtsprachlichen Tätigkeiten, etwa morgens unter der Dusche, plötzlich Wörter oder Redewendungen eingefallen sind, von denen er zunächst annahm, daß sie nicht »hängen«geblieben seien.

Apropos »Hängenbleiben«: bei der Suggestopädie stellen wir das Schneeballsystem fest: so wie ein Schneeball, der einen Hang herunterrollt, immer mehr Schnee ansetzt, so zieht auch der Kursteilnehmer mit jeder neuen Séance mehr Nutzen aus der

Darbietung. Er kann sich immer mehr der Wörter und Redewendungen merken.

Schließlich schneidet die suggestopädische Lernmethode auch gegenüber traditionellen Systemen in puncto Vergessenskurve besser ab. So wurden Volksschulkinder nach den großen Ferien geprüft, was sie vom Vorjahr noch wußten: vom suggestopädisch vermittelten Wissen war ungefähr doppelt soviel hängengeblieben.

Und bei Erwachsenen? Dazu Dieter Lehmann von der Karl-Marx-Universität Leipzig in »Wissenschaftliche Berichte«, Leipzig 1982, Seite 51:

»Nachkontrollen, die 3, 6 und 12 Monate nach Abschluß eines suggestopädischen Fremdsprachenkurses bei den Teilnehmern durchgeführt wurden, ergaben ein geringfügiges Absinken der Leistungen von 4 bis etwa 8 Prozent, wobei in Rechnung gestellt werden muß, daß sich die meisten Kursteilnehmer in der Zwischenzeit wenig oder gar nicht mit der jeweiligen Fremdsprache befaßt hatten. Andererseits gab es auch Kursteilnehmer, bei denen die Kontrollen nach 3, 6 und 12 Monaten keine Leistungsverschlechterung, ja in Einzelfällen trotz Unterbrechung der Beschäftigung mit der gegebenen Fremdsprache sogar Leistungsverbesserung erbrachten, was die gedächtnismäßige Langzeitwirkung der suggestopädischen Methode dokumentiert.«

Kursteilnehmer im Alter über 40 Jahren hatten im Schnitt gegenüber jüngeren Teilnehmern einen Leistungsabfall von 5 bis 8%. Abweichungen in den Ergebnissen der männlichen und weiblichen Teilnehmer waren nicht festzustellen.

Aus der anwachsenden Literatur über Suggestopädie zum Schluß ein einziger Satz: Mit Suggestopädie lernen Menschen aller Bildungsstufen etwa dreimal so schnell eine Fremdsprache und vergessen sie bei Nichtbenützung langsamer.

Wie *Sie* Suggestopädie einsetzen können, beschreibe ich später.

Suggestopädie außerhalb des Fremdsprachenunterrichts

Suggestopädie wurde nicht nur innerhalb des Ostblocks auch bei der Vermittlung von anderem Wissen eingesetzt, so in Biologie (Systematik), Anatomie, Geographie, in Rechnen (auf Volksschulniveau) und in Rechtschreibung.

Im Ludwig-Boltzmann-Institut für Lernforschung in Wien wurden Schulklassen von 6- bis 10jährigen mit suggestopädischen Methoden unterrichtet. Darüber hinaus erfolgten und erfolgen höchstwahrscheinlich auch anderenorts und in weiteren Disziplinen Forschungen. Ich selbst habe auf diesen Gebieten keine Erfahrungen sammeln können. Mehr darüber werden Ihnen sagen:

– das Ludwig-Boltzmann-Institut für Lernforschung, Wien
– die Forschungsstelle für Mnemologie der Karl-Marx-Universität, DDR 7010 Leipzig, Philipp-Rosenthal-Str. 22
– Professor Dr. med. Georgi Lozanov, Sofia, Budapester Str. 17
– Fanny Saféris, Ecole Française de Suggestopedie, 94110 Paris Saint-Maur, 14 rue Danton.

Ich selbst habe in einigen Großbetrieben mit Suggestopädie *Verkaufstraining* durchgeführt, ferner *Rhetorik*. Auf beiden Gebieten kommt es zunächst einmal darauf an, Hemmungen abzubauen, das Selbstvertrauen zu stärken und methodisch erfolgreiches Vorgehen einzuprogrammieren. Alle drei Aufgaben wurden schneller und wirkungsvoller gelöst als mit herkömmlichen Methoden.

Schließlich führte ein Automobilkonzern eine Pilotstudie bei der Ausbildung von Lehrlingen in handwerklichen Tätigkeiten durch. Dabei bildete ich die Meister in suggestopädischer Methodik aus. Jene Meister, die dann Suggestopädie in ihrem Unterricht anwandten, berichteten übereinstimmend von besseren und schnelleren Erfolgen (auf der 8. Tagung der gewerblich-technischen Ausbildungsleiter des Kuratoriums der Deutschen Wirtschaft für Berufsbildung, 5300 Bonn 1, Buschstr. 83).

So wollten Lehrlinge wissen, warum nicht alle Meister diese einfache, angenehme, erfolgreiche Methode im Unterricht anwandten, was das beste Urteil über Suggestopädie in gewerblich-technischer Ausbildung ist.

Lernen kann gesünder machen

Sicherlich kennen auch Sie ältere Menschen, die mit großer intellektueller Neugier und Vitalität am Tagesgeschehen teilnehmen, Neues lernen und geistig manches Enkelkind in den Sack stecken. Allen diesen Menschen sind einige Züge gemeinsam:

– sie haben ihr Gehirn nicht beschädigt, zum Beispiel durch eine Dauertränkung mit Alkohol, durch Vernebelung mit Nikotin oder Arzneimitteln und durch eine chronische Überschwemmung mit Adrenalin und Noradrenalin, die schädlicher Streß aus der Rinde unserer Nebennieren herauslockt, was zu einer frühzeitigen Arteriosklerose führt (ähnlich wie unbehandelter Bluthochdruck oder eine schlecht eingestellte Zuckerkrankheit);
– sie lernten den Genuß geistiger Tätigkeiten kennen, die émotions profondes, also die tiefen Emotionen, die geistige Arbeit erzeugen kann;
– ihnen wurde geistige Beschäftigung, lebenslanges Lernen und die Ausbildung ihrer Persönlichkeit zu einem Bedürfnis wie Essen, Trinken, Atmen;
– sie kamen nicht auf die Idee, daß Lernen langweilig oder gar anstrengend sei.

Interessanterweise wandte Professor Lozanov seine Erkenntnisse über Suggestopädie zuerst in der Medizin an, vor allem zur Schmerzdämpfung, Schmerzbeseitigung und bei der Behandlung von Neurosen. Kein Wunder also, daß er dann auch später, als er und seine Mitarbeiter die Suggestologie in die Suggestopädie eingebaut hatten, erforschte, wie sich zum Beispiel suggestopädisches Sprachenlernen auf die Psyche der Kursteilnehmer auswirke. Darüber berichtet er ausführlichst in seinem Standardwerk »Suggestology and Outlines of Suggestopedy« (New York, 1978). Die Forscher an der Karl-Marx-Universität Leipzig meinen zum gleichen Thema in »Wissenschaftliche Berichte« Leipzig 1982, Seite 54:

»Wenn Teilnehmer an suggestopädischen Fremdsprachenkursen in Bulgarien, in der Sowjetunion wie auch Teilnehmer in der DDR, die zu Beginn des Kurses gesundheitlich-nervlich stark belastet waren, nach Beendigung der Kurse bei Befragungen zum Ausdruck brachten, daß sich bei ihnen im Zuge des suggestopädischen Unterrichts das Allgemeinbefinden gebessert habe, das geistige Reaktionsvermögen sich ebenso erhöhte wie die geistige Aufnahmebereitschaft und die allgemeine Arbeitslust und -intensität gestiegen sei – und dies trotz der Tatsache, daß nach dem Vormittagsunterricht für die Teilnehmer ein normaler Arbeitstag begann und dieser Arbeitstag ihre Kräfte forderte, dann ist das gewiß ein Phänomen, das zu Überlegungen Anlaß gibt. Wir behaupten nicht, daß die Menschen durch den suggestopädischen Unterricht intelligenter werden. Wir konstatieren nur, daß bei ihnen im Zuge des suggestopädischen Unterrichts eine Mobilisierung bestimmter psycho-nervaler Reservezentren eingetreten ist.«

Mir selbst berichten Kursteilnehmer von besserem Schlaf, geregelterem Stuhlgang, mehr Heiterkeit und einer gewissen Gleichgültigkeit gegenüber dem, was wohl jetzt zu Hause oder in der Firma »los sein« werde.

Der Superlearner

Während Sie zur Anwendung mnemotechnischer Methoden nur den Willen benötigen, sie in Ihren Dienst zu stellen, geht es bei der Suggestopädie nicht ohne Hilfsmittel. Lozanov: »Das Wichtigste bei der Suggestopädie ist der Suggestopäde.« Warum sollten Sie aber nicht versuchen, Ihr eigener Suggestopäde zu werden? Nehmen wir an, Sie wollen einen umfangreichen Wissensstoff speichern, zum Beispiel die Systematik der Botanik, Hunderte von Begriffen aus der Anatomie oder der Geologie, der Geographie oder den Grundwortschatz einer Fremdsprache. Wie gehen Sie dann vor? Sie bereiten den Stoff in Portionen auf, die Sie innerhalb von vier oder fünf Sekunden sprechen können.

Beispiele:
He is in hospital. Er ist im Krankenhaus.
Oder
Tsunami – seismische Woge
Oder
Tulpe sechs Staubgefäße – vierteiliger Stempel
Oder
Islam in Spanien 711 bis 1492

Sie sehen, diese Aufbereitung verursacht Arbeit. Vielleicht verteilen Sie diese Arbeit auf eine Gruppe.

Dann erstellen Sie sich ein Tonband.

Sie nehmen darauf fünf Minuten lang getragene Barockmusik auf, zum Beispiel aus den Vier Jahreszeiten von Vivaldi, dann sprechen Sie auf das Band im Rhythmus von vier oder fünf Sekunden die jeweiligen Lernetappen. Um genau den Rhythmus zu treffen, werden Sie um ein Metronom (billigstes etwa 30 DM) nicht herumkommen. Stellen Sie es aber nicht in die Nähe des Aufnahmegeräts, sonst dringt sein Schlagen zu stark durch.

Haben Sie sich für einen Vier-Sekunden-Rhythmus entschieden, dann machen Sie jeweils nach vier Sekunden eine Sende-

pause. Haben Sie sich für einen Fünf-Sekunden-Rhythmus entschieden, beträgt die Sendepause fünf Sekunden. Befindet sich
nun der Lernstoff auf dem Tonband, müssen Sie ihm mit Hilfe
eines zweiten Tonbands besagte Musik unterlegen.

Nun haben Sie Ihre Lernkassette. Wollen Sie jetzt lernen, machen Sie Ihr Tonbandgerät startbereit, legen oder setzen sich in
einen ruhigen, nicht zu hellen Raum, wo Sie für die nächste halbe
Stunde ungestört bleiben können und schalten das Tonbandgerät
ein. Während der fünf Minuten Einleitungsmusik entspannen Sie
sich, ferner suggerieren Sie sich, daß schon viel Dümmere als Sie
diesen Stoff gelernt haben. Nach fünf Minuten erklingt dann Ihre
Stimme, und Sie denken das mit, was Sie da hören. Können Sie
sich das Gehörte vorstellen (zum Beispiel bei der Tulpe sechs
Blütenblätter, einen viergeteilten Stempel oder sehen Sie eine
seismische Woge gegen Japan donnern), um so besser.

Wenn Sie sich etwa 200–250 Etappen angehört haben, bleiben
Sie noch einige Minuten entspannt liegen oder sitzen und hor-
chen auf die jetzt immer flotter werdende Musik. Nach vier oder
fünf Minuten dehnen Sie sich genüßlich, spannen die Muskeln an
und öffnen die Augen.

Am nächsten Tag gehen Sie dann in der Aktivierungsphase den
Stoff abermals durch, indem Sie sich mit Hilfe Ihrer Notizen ab-
fragen.

Müssen Sie etwa 2000 Begriffe lernen, also den Grundwortschatz einer Sprache, benötigen Sie also acht bis zehn Kassetten,
ungefähr 2000–2500 Lernetappen sowie einleitende und auslei-
tende Musik. Das ist viel Arbeit. Übrigens gibt es entsprechende
Sprachkassetten, kombiniert mit einem Textbuch sowie einem
Fremdsprachenspiel mit neunzig Fällen, die einem Globetrotter
auf einer Reise passieren können*.

---

* Sollten Sie an einem Fremdsprachenkurs mit einem Suggestopäden zum Anfassen
interessiert sein, bietet Ihnen das Landesbildungszentrum Schloß Hofen, A – 6911
Lochau am Bodensee, Telefon aus Österreich 05574/24230, Telefon aus der BRD
0043 5574/24230 folgende Seminare (1 Woche Dauer):
Englisch für Anfänger – Business Englisch – Verhandlungstechniken für Führungs-
kräfte in Englisch – Französisch für Anfänger – Spanisch für Anfänger.
Mündliche Auskunft erteilt der Leiter des Landesbildungszentrums Dr. Hubert
Regner.

Bibliographie

Beer, Franz, Angewandte Lernpsychologie im Unterrichtsge-
schehen – Ludwig-Boltzmann-Institut Wien.

Beyer, Günther, Gedächtnis- und Konzentrationstraining,
München 1977.

Bierach, Alfred, Mentales Training, Düsseldorf 1979.

Birkenbihl, Eva, Stroh im Kopf?, Speyer 1985.

Blakeslee, Thomas, Das rechte Gehirn, Freiburg 1982.

Graf, E., Wissenschaftliche Berichte, Leipzig 1982.

Jäniche, K., Wissenschaftliche Berichte, Leipzig 1982.

Lehmann, Dieter, Wissenschaftliche Berichte, Leipzig 1982.

Leitner, Sebastian, So lernt man lernen, Freiburg 1972.

Lozanov, Georgi, Suggestology and Outlines of Suggestopedy,
New York 1978.

Rostack, Richard, Geheimnisse des menschlichen Gehirns,
Landsberg 1984.

Rüdenauer, Manfred, Psychologie und Technik der Präsenta-
tion, Landsberg 1981.

Zielke, Wolfgang, Handbuch der Lern-, Denk-, Arbeitstechni-
ken, Landsberg 1980.

Sprachkassetten (Verlag Moderne Industrie):

Spielend Englisch lernen durch Superlearning
Spielend Wirtschaftsenglisch durch Superlearning
Spielend Französisch durch Superlearning
Spielend Italienisch durch Superlearning
Spielend Spanisch durch Superlearning

Register

A

Abwechslung 55
Aktivationsniveau 29, 126
Aktivierungsniveau 35
Aktivierungsphase 126
akustischer Kanal 85 ff.
Alpha-Wellen 30
Alpha-Zustand 30 ff.
Analyse 18, 23
Analysieren 21
Assoziationen 45
assoziatives Gedächtnis 72
Atemtechnik 123
Aufbauwortschatz 111 f.
Ausdruck 18
Aussprache 20
Autogenes Training 29, 31

B

Begriffe, klare 44
Belohnung 61
Bequemlichkeit 34
Berlitz 47
Beta-Wellen 30
Bewegung 47 ff.
Beyer, Günther 63, 113
Bilder 63 ff., 81, 91 ff.
Bildersehen 18, 21
Bildersuchen 72
Birkenbihl, Vera 27
Blakeslee, Thomas L. 17, 21, 28
Broadbent, D. E. 14

C

Corpus callosum 16

D

dehypnotisieren 42 ff.
Delta-Wellen 30

E

Ebbinghaus, Hermann 49 f.
Ebbinghaus-Gesetz 50
Ebbinghaus'sche Lern- und Vergessenskurve 49 f., 61
EEG 30, 32
Ehrgeiz, falscher 55
Einschlafen 125
einüben 53 f.
EKG 30
Elektromyograph 32
exakt lernen 53

F

Farbkontraste 88
Fehlleistungen 52
Fremdhypnose 13
Fremdwörter 108 ff.

G

Gallway, W. Timothy 24
Gedächtnis 10 ff.

135

GUTER RAT
VON GOLDMANN

PSYCHOLOGIE IM ALLTAG

ASTROLOGIE
IM GOLDMANN TASCHENBUCH

10965

10925

10921

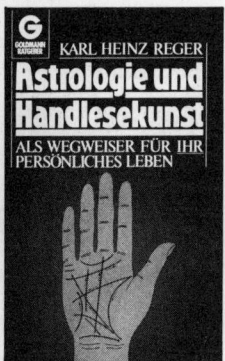

10953

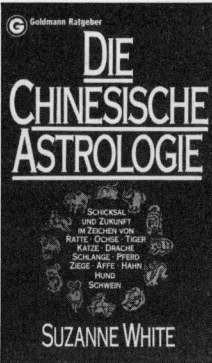

10915

10517

GOLDMANN

ALTERNATIV LEBEN

GOLDMANN

Pierre Derlon
Die geheime Heilkunst der Zigeuner
Die Kraft der Pflanzen, Wurzeln, Erden

10303

GOLDMANN

Trees Laridon / Willy Maes
Makrobiotisch Kochen
Gesunde Ernährung verlängert das Leben

10301

GOLDMANN

MARIANN KJELLRUP
Bewußt mit dem Körper leben
Eutonie: Durch Spannungsabbau zu Harmonie und Wohlbefinden

10304

GOLDMANN

PETER SCHWIND
Alles im Lot
Körperliches und seelisches Gleichgewicht durch ROLFING

10302

GOLDMANN

Christopher Markert
I GING
Das Buch der Wandlungen

10300

GOLDMANN

Hiltrud Lodes
Atme richtig
Der Schlüssel zu Gesundheit und Ausgeglichenheit

10305

GOLDMANN